Kitty Kahane's
Funny Fish Food

Das fröhliche Fischkochbuch

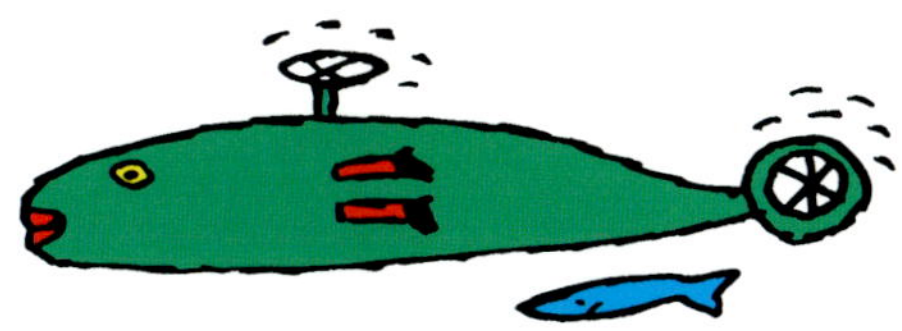

Mary Hahn Verlag

Sofern nicht anders angegeben,
sind alle Rezepte für 4 Personen berechnet.

Rezeptberatung: Harald Schultes
Lektorat: Isabelle Fuchs, Sylvia Drudik
Layout: Dominique Kahane
Umschlaggestaltung: Kitty Kahane

Herstellung und Satz: Kahane Design
Reproduktion: LVD GmbH, Berlin
Druck und Bindung: OAN, Leipzig
Printed in Germany

ISBN 3-87287-473-X

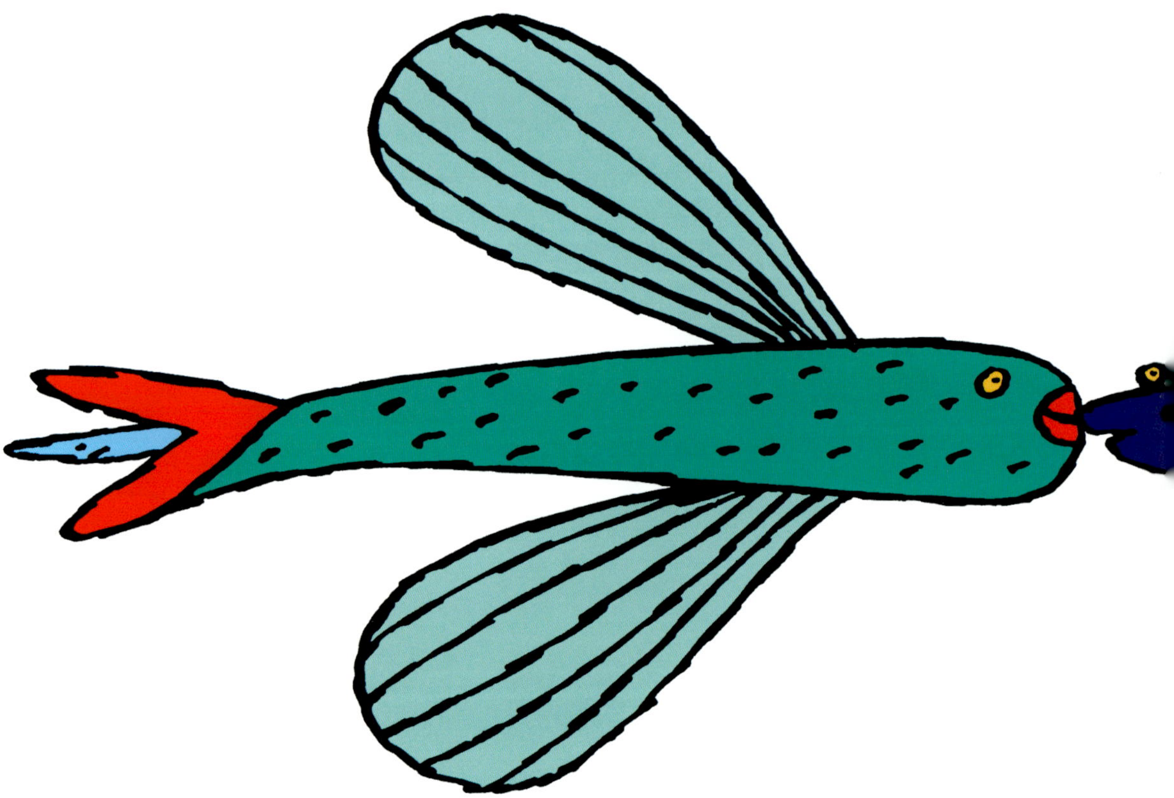

Inhalt

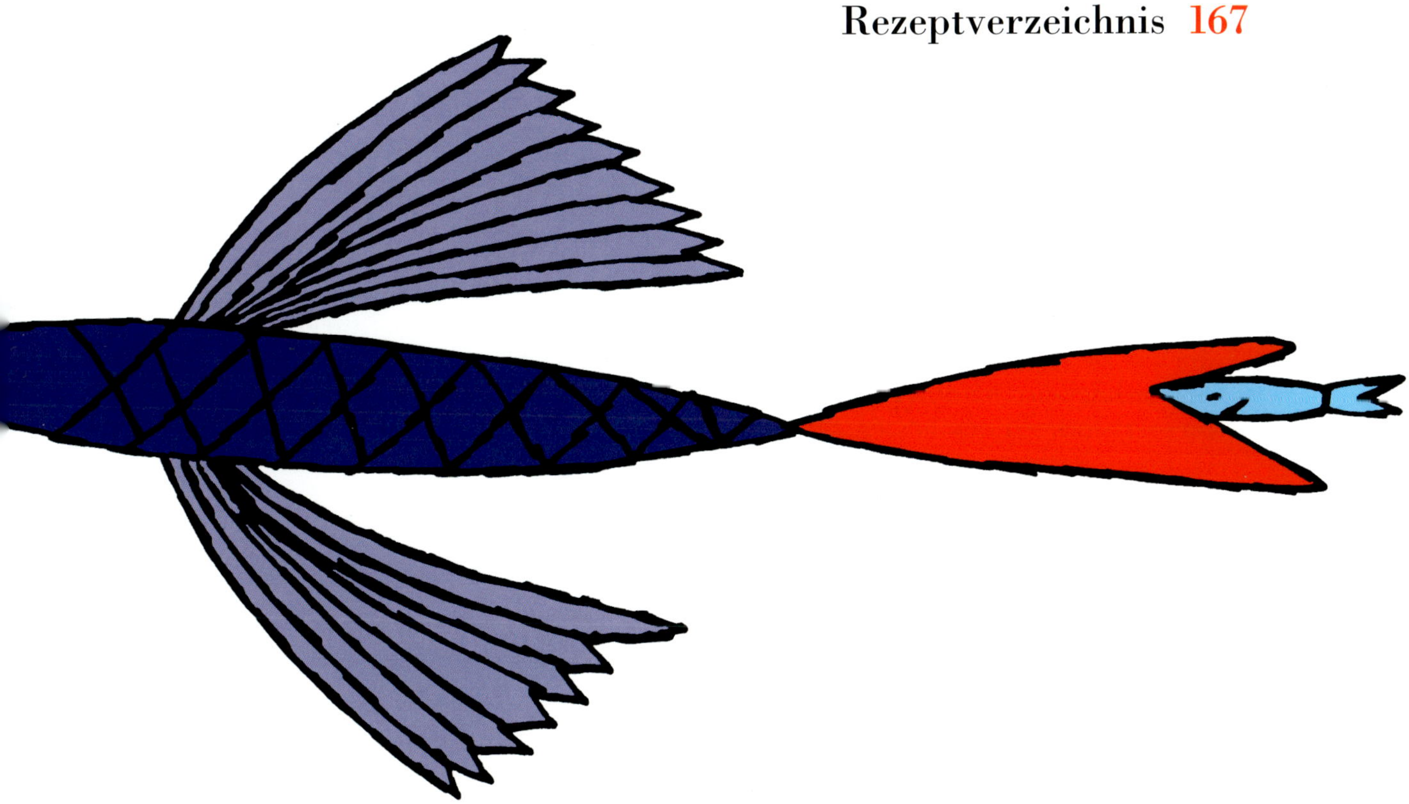

Who's Who – Kleine Fischkunde

Im Folgenden stellen wir Ihnen die wichtigsten Fischarten und Meeresfrüchte vor, die in diesem Buch vorkommen. Die Übersicht erhebt keinerlei Anspruch auf Vollständigkeit. Informationen zu exotischen Fischen und deren Zubereitungsarten finden Sie zum Teil direkt bei den Rezepten.

Süßwasserfische

FELCHEN
Felchen, Renken und Maränen bilden eine eigene Familie. Sie sind dem Lachs verwandt und gehören zu den wichtigsten Speisefischen der nördlichen Halbkugel.

FLUSSBARSCH oder EGLI
Gehört zur Familie der echten Barsche und lebt in stehenden sowie fließenden Gewässern. Sein festes, saftiges Fleisch macht ihn zu einem begehrten Speisefisch, in den Handel kommen in der Regel nur Filets. Eignet sich vorzüglich als Bratfisch.

FORELLE
Wird zusammen mit anderen Arten der Familie der Salmoniden zugeordnet. Bekannteste Art ist die Regenbogenforelle, die auf dem Markt angebotenen Fische stammen jedoch aus der Fischzucht, in freien Gewässern vermehren sie sich kaum. Das zarte Fleisch sollte schonend gegart werden.

KARPFEN
Der klassische »Weihnachtsfisch« ist aus Zuchtanlagen von September bis April fangfrisch erhältlich.

LACHS
Ist in den nördlichen Meeren beheimatet, wo Heringe, Sandaale und andere nahrhafte Fische auf seinem Speiseplan stehen. Nach 3-6 Jahren zieht der bis zu 1,5 m lange Raubfisch flußaufwärts, um in stillen Quellengebieten zu laichen. Wildlachse sind schmackhafter als Zuchtlachse, da sie fettärmer sind. Zu den besten zählen die Schottischen und die Irischen Wildlachse.

SAIBLING
Gehört zur Familie der Salmoniden und zählt zu den feinsten Süßwasserfischen. Bach- und Seesaiblinge benötigen sehr sauberes Wasser, um Überleben zu können, daher ist ihr Bestand zunehmend gefährdet. Ihr zartes, lachsfarbenes Fleisch eignet sich besonders zum Pochieren und Dämpfen.

ZANDER
Der kulinarische Leckerbissen ist bei Gourmetköchen äußerst beliebt. Sein weißes Fleisch ist besonders zart und saftig. Kann auf viele Arten zubereitet werden.

Meeresfische

HAIFISCH
Herings- und Makrelenhaie sind sehr gute Speisefische. Ihr Fleisch kommt meist als Steak in den Handel. Reste des Blutnetzes, auch Wundernetz genannt, sollten vor der Zubereitung entfernt werden, da das darin enthaltene Histamin zu Allergien führen kann.

HEILBUTT
Er gehört zu den Plattfischen und hält sich in den nördlichen Meeren auf. Der Weiße Heilbutt ist fettärmer als der Schwarze Heilbutt. Läßt sich vielfältig zubereiten.

KABELJAU
Sehr häufig verwendeter, erschwinglicher Speisefisch. Sein neutraler Geschmack läßt viele Zubereitungsarten zu.

MAKRELE
Fangfrisch ist sie vor allem in der mediterranen Küche eine Delikatesse. Das fettreiche Fleisch eignet sich besonders gut zum Grillen.

MERLAN
Auch *Wittling* oder *Weißling*, ist bei uns bedauerlicherweise eher selten im Handel. Dieser besonders zarte Fisch eignet sich als Filet oder im Ganzen sehr gut zum Pochieren.

MEERBARBE
Die Meerbarbe kommt hauptsächlich im Mittelmeer vor. Zu den gefragtesten Fischen dieser Art zählt die *Rote Meerbarbe* oder auch *Rotbarbe*. Gehört zu den schmackhaftesten, aber auch teuersten Mittelmeerfischen. Eignet sich hervorragend zum Dünsten.

RED SNAPPER
Gehört in den USA zu den begehrtesten Speisefischen und ist mittlerweile auch in unseren Breiten ein Modefisch geworden. Um sicher zu gehen, daß es sich auch wirklich um den Red Snapper handelt, sollte man Filets oder Stücke nur mit Haut erwerben, da das Fleisch des Rotbarsches ähnlich aussieht.

SARDINEN

Sind zu Unrecht in erster Linie nur als Dosenfisch bekannt. Frisch zubereitet - gegrillt oder aus dem Ofen - schmecken sie hervorragend.

SCHWERTFISCH

Sein kompaktes, aber dennoch zartes Fleisch wird auch mit Kalbfleisch verglichen. Der Fisch kommt in Form von Steaks in den Handel, die sich wunderbar zum Grillen oder Braten eignen.

SEE- ODER WOLFSBARSCH

Bei Feinschmeckern erfreut er sich aufgrund seines mageren, weißen, festen und grätenarmen Fleisches größter Beliebtheit. Im Handel ist der Wolfsbarsch auch unter der Bezeichnung *Loup de mer* bekannt. Kann auf vielfältige Art zubereitet werden.

SEEHECHT

Zählt zu den besten aus der Dorschfamilie. Sein feines, mildes Fleisch eignet sich sehr gut zur Kombination mit anderen Fischen und zum Pürieren.

SEEZUNGE

Sie gilt seit jeher als Fisch der Reichen und Schönen. Für den besten und teuersten Plattfisch gibt es unzählige berühmte Rezepte.

STEINBUTT

Bildet zusammen mit der Seezunge die Elite der Meeresfische. Er wird in der Nordsee, im Atlantik und im Mittelmeer gefangen. Die Delikatesse hat leider auch ihren Preis.

STÖR

Der in erster Linie als Kaviarlieferant bekannte Fisch ist in unseren Breiten relativ selten auf dem Markt. Er lebt im Asowschen und Kaspischen sowie im Schwarzen Meer. Sein wohlschmeckendes Fleisch kann gebraten, geschmort oder geräuchert werden.

THUNFISCH

Er gehört weltweit zu den wichtigsten Nutzfischen und ist in den gemäßigten Zonen fast aller Meere beheimatet. Zum Grillen und Braten ist vor allem der feine Weiße Thun mit seinem besonders schmackhaften Fleisch geeignet. Leider werden Thunfische aufgrund von Überfischung zunehmend seltener und wertvoller, was zum Teil auf den regelrechten »Sushi-Boom« der 80iger Jahre zurückzuführen ist.

ZACKENBARSCH
Auch *Grouper* genannt, lebt in allen gemäßigten und tropischen Meeren. Der exzellente Speisefisch ist nur im gut sortierten Fischhandel erhältlich.

Meeresfrüchte

GARNELEN
Diese Krustentiere sind aufgrund ihres wohlschmeckenden Schwanzfleisches weltweit geschätzt. Die kleinen, grauen *Nordseegarnelen* bzw. *-krabben* werden auch *Granat* genannt. Garnelen mittlerer Größe sind – nicht nur in den USA – unter der Bezeichnung *Shrimps* bekannt. *Riesengarnelen* werden auch als *Gambas* bezeichnet.

HUMMER
Ein edles Krebstier, das für Luxus steht! Beste Fangzeit ist von Mai bis Juni (Europäischer Hummer) und von Juni bis September (Amerikanischer Hummer). Die weiblichen Exemplare, die *Langusten*, besitzen ein fleischigeres Schwanzteil und werden von manchen Gourmets dem Hummer vorgezogen.

KALMAR
Im Gegensatz zum Tintenfisch (Sepia) hat der Kalmar einen schlanken, langen Körper und Kopf. Er eignet sich nicht nur zum Fritieren und als Salat, sondern läßt sich auch wunderbar füllen. Sein festes, mageres Fleisch ist sehr proteinreich.

MUSCHELN
Gehören zur Familie der Weichtiere, es gibt etwa 8000 Arten. Die bekanntesten Speisemuscheln sind *Miesmuscheln, Herzmuscheln, Venusmuscheln* und *Jakobsmuscheln.* Sie unterscheiden sich in Größe, Farbe und Geschmack. Muscheln sollten in jedem Fall frisch verzehrt werden. Im Rohzustand müssen Muscheln immer geschlossen sein, und beim Garen müssen sie sich öffnen. Gekochte, ungeöffnete Muscheln immer aussortieren und wegwerfen! Aufgrund moderner Kühl- und Transportmöglichkeiten trifft die Regel, Muscheln nur in Monaten mit einem »r« zu essen, nur noch eingeschränkt zu, dennoch ist das Angebot auf dem Markt von September bis April am größten. *Austern* gehören ebenfalls zu den Weichtieren, sie nehmen aufgrund ihres Preises eine Sonderstellung ein.

TINTENFISCH
Man unterscheidet zwischen *Gemeinem Tintenfisch* (Sepia) und *Octopus* (Gemeine Krake). Der Gemeine Kalmar zählt zwar auch zu den Kopffüßlern, gehört aber nicht zu den Sepiaartigen.

HEY! OUR FRIENDS!
marie
Marie

Fisches Nachtgesang

Kalte Vorspeisen

Es ist keinesfalls nachgewiesen, daß Fische nicht singen können. Poeten in aller Welt sind und waren vom musikalischen Talent der Wasservölker überzeugt und dichteten ihnen süße Lieder an, die die Seefahrer in Verzückung versetzten.
Man muß kein Boot besitzen, um in den Genuß der harmonischen Klänge zu kommen, es genügt auch, sich die Tierchen ins Haus zu holen und daraus kalte Köstlichkeiten zu zaubern. Spielen Sie doch mal den Geschmack einer Makrelenmousse auf dem Klavier nach!

Sashimi vom Wildlachs mit Koriandervinaigrette

2 Schalotten
1 Bund Koriandergrün
Saft von 1 Zitrone
2 EL Weißweinessig
1 TL gemahlener Koriander
1 Prise Zucker
90 ml kaltgepreßtes Olivenöl
Salz, Pfeffer aus der Mühle
24 Kirschtomaten
1 Bund Rucola
400 g frischer, roher Wildlachs
Zitronensaft zum Beträufeln

Für die Koriandervinaigrette die Schalotten schälen und fein hacken. Dann vom Koriandergrün die Blätter zupfen, waschen und ebenfalls fein hacken. Danach den Zitronensaft, den Essig, die Hälfte des gemahlenen Korianders, den Zucker und das Olivenöl in eine Schüssel geben. Das Ganze miteinander verrühren und mit Salz und Pfeffer aus der Mühle abschmecken.

Die Kirschtomaten und den Rucolasalat waschen. Die Tomaten halbieren und vom Stielansatz befreien. Die Stielenden vom Rucolasalat entfernen.

Den Wildlachs mit einem Lachsmesser oder einem scharfen, langen und flexiblen Messer in dünne Tranchen schneiden. Danach mit Zitronensaft beträufeln, mit dem restlichen Koriander bestreuen und mit Salz und Pfeffer aus der Mühle würzen.

Zum Schluß den Rucolasalat auf 4 Tellern anrichten, die vorbereiteten Wildlachsscheiben darauf verteilen und mit den Kirschtomatenhälften garnieren. Alles mit der Vinaigrette beträufeln und servieren.

KLEINE WARENKUNDE

Sashimi ist eine der beiden traditionellen japanischen Zubereitungsweisen für rohen Fisch – die andere, mittlerweile bekanntere ist Sushi – und bedeutet in hauchdünne Scheiben geschnittener, roher Fisch. Es ist selbstverständlich von ganz besonderer Wichtigkeit, daß der verwendete Fisch äußerst frisch ist! Um sicher zu gehen, können Sie ihren Fischhändler nach den Liefertagen fragen und den Fisch vorbestellen! Tiefgefrorener Fisch ist hierfür gänzlich ungeeignet. Fische für Sashimi sollten festes Fleisch haben, gut zu filetieren sein, und keine kleinen Gräten haben.

Glasnudelsalat mit Shrimps und Zitronendressing

Für den Salat
250 g Glasnudeln
1 EL Sesamsaat
2 Chicorée
100 g küchenfertige Kaiserschoten
1 Bund in Ringe geschnittene Frühlingszwiebeln
Salz
3 grob geraspelte Karotten
250 g geschälte und gekochte Shrimps
1 EL mildes Sesamöl

Für das Dressing
1 feingehackte Knoblauchzehe
2 EL Zitronensaft
1 EL Orangensaft
2 EL Sherry medium
1 EL Weißweinessig
2 EL Sojasauce
2 EL Traubenkernöl
Salz, Pfeffer aus der Mühle

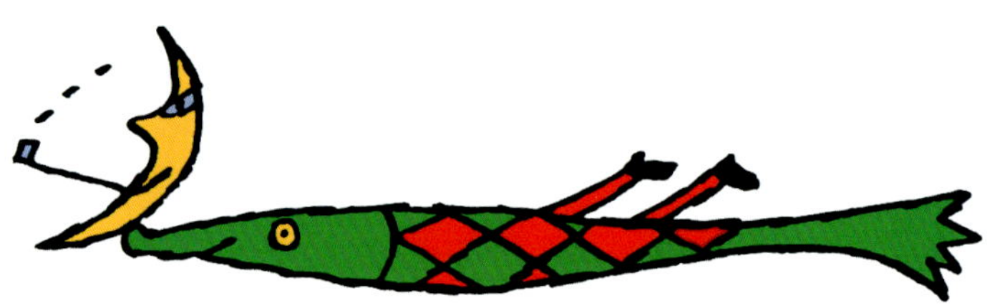

Die Glasnudeln nach Packungsanleitung mit kochendem Wasser überbrühen und etwa 1/4 Stunde einweichen lassen. Inzwischen die Sesamsaat in einem Pfännchen ohne Fett goldbraun rösten und abkühlen lassen. Den Chicorée putzen, vom bitteren Strunk befreien, waschen und die Blätter in feine Streifen schneiden. Die Kaiserschoten und die Frühlingszwiebelringe kurz in heißem Salzwasser blanchieren und mit kaltem Wasser abschrecken. Das vorbereitete Gemüse zusammen mit den gekochten Shrimps in einer Schüssel vermischen.

Die Zutaten für das Dressing in eine Schüssel geben, alles vermischen und mit Salz und Pfeffer abschmecken.

Die Glasnudeln abgießen und abtropfen lassen. In mundgerechte Länge schneiden und unter das Gemüse mischen. Mit Sesamöl benetzen und den Glasnudelsalat auf 4 Tellern anrichten. Mit dem Dressing marinieren. Vor dem Servieren mit der gerösteten Sesamsaat bestreuen.

KLEINE WARENKUNDE

Sesamsaat bzw. -körner stammen von einer dem Fingerhut ähnlichen, krautartigen Pflanze, dem asiatischen Sesamkraut, das in Indien, China und Afrika angebaut wird. Die weißen, geschälten Körner werden gerne für Backwaren und Süßspeisen verwendet. Sie eignen sich aber auch für Fleisch- und Gemüsegerichte sowie für Pasteten und Farcen. Geröstet erhalten Sesamkörner einen feinen, nußartigen Geschmack. Aus rohem sowie auch geröstetem Sesam werden im Mittleren Osten Würzpasten hergestellt. Als kaltgepreßtes Öl dient das fettreiche Korn zur Verfeinerung vieler Speisen. Hier gilt es unbedingt zu unterscheiden zwischen dem europäischen Sesamöl, das sehr mild im Geschmack ist und dem asiatischen Sesamöl, das so intensiv ist, daß wenige Tropfen zum Würzen der Speise völlig ausreichen. Es gibt auch schwarze Sesamkörner, deren Geschmack allerdings nicht ganz so ausgeprägt ist. Man sagt dem Sesam knochenfestigende Wirkung nach. Außerdem soll er den Haarwuchs fördern und dem Ergrauen der Haare vorbeugen.

Anchoviscanapés mit Strauchtomaten

4 Scheiben italienisches Ciabattabrot
4 EL kaltgepreßtes Olivenöl
16 Anchovis
2–3 Strauchtomaten
2 EL Kapern

Den Ofen auf 200°C vorheizen. Die Brotscheiben mit Olivenöl beträufeln und in einer Pfanne rösten. Die Anchovis wässern und gut abtropfen lassen. Die Tomaten waschen, vom Stielansatz befreien und dann in Scheiben schneiden.

Die Anchovis auf den gerösteten Brotscheiben verteilen, mit den Tomatenscheiben belegen und mit Kapern bestreuen. Zum Schluß die Brotscheiben auf ein Backblech legen und für 2 bis 3 Minuten in den Ofen geben. Das Ganze lauwarm servieren.

KLEINE WARENKUNDE

Die Sardelle, die kleinere, besonders fettreiche Verwandte der Sardine aus der großen Heringsfamilie (Engraulidae) wird in erster Linie im Mittelmeer und im Schwarzen Meer gefangen. Sardellen gelangen selten frisch zu uns. Die entgräteten Filets werden für mindestens 6 Monate in Salz eingelegt; auf diese Weise werden sie konserviert und zugleich »gegart«, d.h. verzehrfertig gemacht. In Öl gelegt gelangen sie dann als Anchovisfilets oder -röllchen (häufig um Kapern gerollt) in den Handel. Der Fund einer antiken Sardellen-Pökelanlage an der Costa Brava zeigt, daß das Konservieren der Anchovis schon vor vielen hundert Jahren betrieben wurde.

Marinierter Bonito

350 g Echtes Bonitofilet
100 ml trockener Weißwein
4 EL Zitronensaft
2 EL Orangensaft
1 EL kaltgepreßtes Olivenöl
1 EL Erdnußöl
1 TL Meersalz
2 getrocknete, zerriebene Lorbeerblätter
etwas abgeriebene Schale von unbehandelten Zitrusfrüchten (Orange, Zitrone)

Das Bonitofleisch in Streifen schneiden und in eine flache Schüssel legen. Alle flüssigen Zutaten verrühren, Salz hinzufügen und die Marinade über dem Fisch verteilen. Lorbeerblätter, Orangen- und Zitronenschale darüberstreuen. Zugedeckt etwa 24 Stunden im Kühlschrank marinieren lassen und dabei nach etwa 6 Stunden alles wenden. Am Ende sollte das Fischfleisch seinen glasigen Schimmer verlieren und wie gekocht aussehen.

KLEINE WARENKUNDE
Der Echte Bonito oder auch Gestreifte Thun ist der weltweit kommerziell wichtigste Thunfisch. Er ist in allen warmen und gemäßigt warmen Meeren zu finden und wird das ganze Jahr über gefangen. Außer ihm gibt es noch den Unechten Bonito, der bei uns im Handel nicht so häufig vertreten ist. Weitere Bonitoarten sind der Pazifische Bonito (Sarda chilensis) und der Bonito atlántico (Sarda sarda), die zur Familie der Pelamiden, also makrelenähnlicher Schwarmfische gehören.

Mousse von der Makrele

200 g entgrätetes Makrelenfilet
1 EL Doppelrahmfrischkäse
Salz, Pfeffer aus der Mühle
1 TL Zitronensaft
1 TL Orangensaft
2 EL geschlagene Sahne
1 EL grüner Pfeffer

Die Haut vom Makrelenfilet abziehen. Das Fischfleisch zusammen mit dem Frischkäse in einen Mixer geben und fein pürieren. Salzen, pfeffern und mit Zitronen- und Orangensaft abschmecken. Die geschlagene Sahne unterheben, die grünen Pfefferkörner leicht zerstoßen und untermischen. Die fertige Mousse in ein Schälchen füllen und kaltstellen. Vor dem Servieren auf einen Teller stürzen.

KLEINE WARENKUNDE

Pfeffer (frz. poivre, engl. pepper), die Beerenfrucht der Pfefferpflanze – einer tropischen Kletterpflanze – ist ein seit der Antike genutztes Universalgewürz. Man unterscheidet zwischen schwarzem, weißem und grünem Pfeffer. Der schwarze Pfeffer ist der schärfste. Er wird aus den grünen, unreifen Früchten gewonnen, die getrocknet werden. Für den weißen Pfeffer werden die reifen Beeren vor dem Trocknen vom Fruchtfleisch befreit. Der grüne Pfeffer hat das intensivste Aroma und ist am mildesten. Er wird unreif geerntet und in Salzlake, Alkohol oder Essig konserviert. Aber auch getrocknet oder gefriergetrocknet ist er erhältlich. Der als rosa Pfeffer erhältliche Pfeffer (Chinus-Pfeffer) ist streng genommen kein Pfeffer. Es handelt sich hier um die mit Zucker behandelten Körner einer Baumfrucht.

Meeresfischsalat mit eingelegtem Ingwer

Für die Filets

400 g Fischfilets von Steinbutt, Scholle und Lachs
Saft von 1 Limette
Salz

Für den Sud

16 Kirschtomaten
100 g eingelegter Ingwer
4 kleine Schalotten
Pfeffer aus der Mühle
2 EL Himbeeressig
3 EL Traubenkernöl
1/2 Bund Basilikum

Die Fischfilets von eventuellen Gräten befreien, waschen und trockentupfen. In etwa 4 cm große Stücke schneiden. Mit Limettensaft beträufeln und vorsichtig salzen.

Die Kirschtomaten waschen und die Stielansätze mit einem spitzen Messer kreisförmig entfernen. Die Tomaten in einem Mixer pürieren. Ein Sieb mit einem Küchentuch auslegen und das Tomatenpüree vorsichtig durchpressen. In einem kleinen Topf den Saft des Tomatenpürees mit dem eingelegten Ingwer mischen. Aufkochen und danach 7 bis 8 Minuten ziehen lassen.

Die Schalotten schälen und vierteln. In etwas heißem Wasser zusammen mit Salz, Pfeffer, Himbeeressig und Traubenkernöl kräftig aufkochen lassen. Die Filets in diesen Sud legen und bei mittlerer Hitze garen. Das Basilikum waschen, die Blätter zupfen. Die Basilikumblätter in dünne Streifen schneiden und dazugeben.

Die Tomaten-Ingwer-Mischung in der Mitte einer Platte verteilen und die Fischfilets darauf anrichten. Leicht mit der Marinade überziehen und zusammen mit frischem Weißbrot servieren.

EINKAUFSTIP

Eingelegten Ingwer erhalten Sie in Asienläden oder gut sortierten Supermärkten. In China und Japan werden Ingwerwurzeln ganz oder in dünne Scheiben geschnitten in eine Salzlake, in Reiswein oder Reisessig eingelegt, wodurch sie eine zartrosa Farbe erhalten und deshalb auch unter der Bezeichnung »roter Ingwer« bekannt sind.

Classic Fischsalat

1 Bund Rucola
100 g Feldsalat
4 Kirschtomaten
2 EL Balsamico-Essig
1 EL Walnußöl
1 EL Olivenöl
1 EL Weißwein
1/2 TL zerstoßener Koriander
Salz, Pfeffer aus der Mühle
1/2 Bund Schnittlauch
4 EL Crème fraîche
1 EL Zitronensaft
5 Basilikumblätter
2 Saiblingsfilets
2 Scheiben Lachs à 100 g
2 Seezungenfilets
Butter zum Braten

Den Rucola und den Feldsalat gründlich putzen, von harten Stielenden befreien und waschen. Die Kirschtomaten waschen, halbieren und vom Stielansatz befreien.

Für das Salatdressing in einer Schüssel Balsamico-Essig zusammen mit Walnußöl, Olivenöl und Weißwein vermischen. Den Koriander hinzufügen, mit Salz und Pfeffer würzen.

Den Schnittlauch waschen und in feine Röllchen schneiden. In einer Schüssel mit der Crème fraîche vermischen. Den Zitronensaft unterrühren und mit Salz und Pfeffer abschmecken.

Die Basilikumblätter gut waschen und in dünne Streifen schneiden.

Den Ofen auf 200°C vorheizen. Die Fischfilets von eventuellen Gräten befreien, waschen, trockentupfen, salzen und pfeffern. In einer Pfanne ausreichend Butter zerlassen. Die Filets nacheinander beidseitig kurz anbraten, so daß sie noch saftig sind. Anschließend im Ofen etwa 5 Minuten garen lassen, herausnehmen und beiseite stellen.

Die Salatblätter kreisförmig auf 4 Tellern anrichten und mit dem Dressing beträufeln. Die Fischfilets gleichmäßig auf die Teller verteilen und mit Basilikum bestreuen. Vorsichtig mit der Crème fraîche überziehen. Relativ zügig servieren, so daß der Salat nicht zusammen fällt und die Fischfilets noch warm sind.

Jakobsmuscheln auf Karottensalat

400 g ausgelöste Jakobsmuscheln
250 ml Fischfond
125 ml Weißwein
4 mittelgroße Karotten
1/4 Sellerieknolle
1 EL Butter
1 EL Weißweinessig
2 EL Olivenöl
Salz, Pfeffer aus der Mühle
2 EL Traubenkernöl
1 TL zerstoßene Korianderkörner

Die Jakobsmuscheln unter fließend kaltem Wasser waschen. Auf Küchenpapier trocknen und quer durchschneiden. Anschließend kühl stellen.
In einem kleinen Topf den Fischfond auf die Hälfte einkochen lassen. Den Weißwein dazugießen und beiseite stellen. Die Karotten schälen und mit einem Gemüsehobel in dünne Scheiben schneiden. In Salzwasser kurz blanchieren. Die Sellerieknolle schälen und in etwa 3 cm breite Streifen schneiden. Die Butter in einer Pfanne erhitzen und die Selleriestreifen darin kurz anbraten. Auf Küchenpapier abtropfen lassen und beiseite stellen.

Den Weißweinessig, das Olivenöl und die etwas abgekühlte Fischsauce in einer Schüssel zu einer Sauce rühren. Mit Salz und Pfeffer würzen. Die Karottenscheiben und die Selleriestreifen in dieser Sauce marinieren.
Das Traubenkernöl in einer Pfanne erhitzen. Die Jakobsmuscheln darin bei mäßiger Hitze kurz beidseitig goldbraun braten, so daß sie noch saftig bleiben. Mit Salz und Pfeffer würzen. Den Karotten-Sellerie-Salat aus der Marinade heben und jeweils in die Mitte von 4 Tellern geben. Die Jakobsmuscheln darauf anrichten und mit zerstoßenen Korianderkörnern bestreuen.

SOS

Marinierte Sardinen

1 Schalotte
1 Knoblauchzehe
4 EL Olivenöl
1/2 Bund glatte Petersilie
4 große, küchenfertige Sardinen
Salz, Pfeffer aus der Mühle
1–2 EL Mehl
3 EL Rotweinessig
150 ml trockener Rotwein
1 frische, rote Chilischote
1 Thymianzweig
1 frisches Lorbeerblatt
1 Tomate
2 kleine Zwiebeln
4 Blätter Basilikum

Die Schalotte und die Knoblauchzehe schälen und in kleine Würfel schneiden. In einer Pfanne 2 Eßlöffel Olivenöl erhitzen und die Würfel darin glasig werden lassen. Die Petersilie waschen, fein hacken und unterheben.

Die Sardinen waschen und mit Küchenpapier trockentupfen. Innen und außen mit Salz und Pfeffer einreiben. Mit der Petersilienmischung füllen und in Mehl wenden. Das restliche Olivenöl in einer Pfanne erhitzen und die Fische darin von beiden Seiten goldbraun braten. Anschließend die Sardinen in eine große, ovale Form legen. Den Bratensatz mit Essig und Wein ablöschen und einmal aufkochen lassen. Die Chilischote, den Thymian und das Lorbeerblatt waschen und fein schneiden. Mit in die Pfanne geben, die Pfanne vom Herd nehmen und das Ganze 1/4 Stunde ziehen lassen. Diese Sauce gleichmäßig über die Sardinen gießen und die Form mit Klarsichtfolie abschließen. Die Fische im Kühlschrank über Nacht marinieren lassen.

Die Tomate oben über Kreuz einschneiden, auf einer Schaumkelle einzeln für einige Sekunden in kochendes Wasser halten, dann kalt abschrecken. Die Frucht von den Stielansätzen befreien, enthäuten, entkernen und das Fruchtfleisch in kleine Würfel schneiden. Die Zwiebeln schälen und in dünne Ringe schneiden. Tomatenwürfel und Zwiebelringe über die marinierten Sardinen geben. Die Basilikumblätter waschen, in Streifen schneiden und darüberstreuen.

VORSICHT!

Nach dem Schneiden der Chilischote sofort Messer, Schneidebrett und vor allem Hände gründlich waschen. Der Kontakt mit den Augen muß auf alle Fälle vermieden werden, um schmerzhaften Reizungen vorzubeugen.

Für Meerjungfrauen

Warme Kleinigkeiten

In einer altfranzösischen Sage wurde Melusine, eine schöne Meerfee, von ihrem Ehemann in Nixengestalt überrascht. Daraufhin mußte sie für immer in ihr Element zurückkehren und tummelt sich seither mit ihren Leidensgenossinnen im kalten Naß. An das Ufer kommt sie lediglich, um Auserwählten drohendes Unheil zu verkünden. Das nächste Kapitel ist diesen hübschen Fabelwesen gewidmet, damit sie sich hin und wieder etwas aufwärmen können und den Menschen in Zukunft nur noch Heiteres vorhersagen. Zum Beispiel zu welcher Gelegenheit man gebackene Sardinen verzehren sollte.

Fischbällchen mit Chilidip

Für die Bällchen

500 g festes, weißes Fischfilet
(z.B. Red Snapper)
1 EL rote Currypaste
1 leicht verquirltes Ei
2 Frühlingszwiebeln
2 Kaffirblätter
1/2 EL fein gehackte Korianderwurzel
1 TL Zucker
1 Prise Salz
Öl zum Fritieren
2 Zweige Koriandergrün zum Garnieren

Für den Dip

2 frische, rote Chilischoten
1 Knoblauchzehe
100 ml Zitronensaft
80 ml Fischsauce (Fertigprodukt)

Das Fischfleisch von eventuellen Gräten befreien und in kleine Stücke schneiden. In einem Mixer zerkleinern, bis eine hackfleischähnliche Masse entsteht. In eine Schüssel geben, mit der Currypaste vermischen und das Ei unterrühren.

Die Frühlingszwiebeln putzen, vom Wurzelansatz befreien, waschen und in feine Röllchen schneiden. Die Kaffirblätter waschen und fein hacken. Frühlingszwiebeln und Kaffirblätter zusammen mit der Korianderwurzel, dem Zucker und dem Salz in einer Schüssel gut vermischen. Anschließend die Fischmasse unterheben und alles gut vermengen. Aus dieser Masse Bällchen mit etwa 2 cm Durchmesser formen. Im Kühlschrank in etwa 20 Minuten festwerden lassen.

In einer Friteuse das Öl auf etwa 190 °C erhitzen. Die Bällchen portionsweise – jeweils etwa 10 Bällchen – mit Hilfe eines Schaumlöffels in das Fett geben. Nach etwa 3 Minuten vorsichtig herausheben, auf Küchenpapier abtropfen lassen und warm stellen.

Für den Dip die Chilischoten waschen und in feine Scheiben schneiden. Die Knoblauchzehe schälen und ebenfalls fein schneiden. Beides zusammen in einem Schüsselchen mit dem Zitronensaft und der Fischsauce gut vermischen.

Die Fischbällchen auf einer vorgewärmten Servierplatte anrichten. Mit Koriander garnieren und zusammen mit dem Dip servieren.

KLEINE WARENKUNDE

Kaffirblätter sind die Blätter der Kaffir-Limette, die vor allem in Südostasien, aber auch in Afrika und Mittelamerika angebaut wird. Die glänzenden, taillierten Blätter werden in der asiatischen Küche gerne als Gewürz verwendet. Man erhält sie in Asienläden.

Gebackene Sardinen mit Aïoli

85 g Mehl
85 g Kartoffelstärke
1 EL Backpulver
250 ml warmes Wasser
1 EL Olivenöl
Salz
Pfeffer aus der Mühle
10 frische Sardinen
Öl zum Fritieren
10 Salbeiblätter
10 Basilikumblätter

1 Stunde vor dem Servieren den Ausbackteig zubereiten. Dazu Mehl, Kartoffelstärke, Backpulver, Wasser, Olivenöl und Salz in eine Schüssel geben und zu einem glatten Teig verarbeiten. 1 Stunde ruhen lassen.

Von den Sardinen die Köpfe abkneifen und wegwerfen. Mit dem Finger die Bauchhöhle öffnen und die Fische ausnehmen. Flach auseinanderklappen, die Mittelgräte,

am Kopfende beginnend, mit dem Finger herauslösen und am Schwanzende abbrechen. Dann die Sardinen der Länge nach halbieren, auf der Außenseite über Kreuz einritzen und mit Salz und Pfeffer würzen.

Das Öl in einer Friteuse oder in einem Fritiertopf auf ca. 180 °C erhitzen, bis an einem hineingehaltenen Holzkochlöffel Bläschen aufsteigen. Die Sardinen in den Teig tauchen, gut abtropfen lassen und in Öl schwimmend portionsweise 1 bis 2 Minuten backen.

Sie sollten goldgelb ausgebacken werden, damit sie innen schön saftig bleiben. Die Sardinen auf Küchenpapier abtropfen lassen und warm stellen. Anschließend die Kräuterblätter ebenfalls mit Teig überziehen. Ausbacken und auf Küchenpapier abtropfen lassen.

Jeweils 5 Sardinenhälften auf 4 Tellern anrichten und mit den fritierten Kräuterblätter garnieren. Zusammen mit Crème fraîche oder Aïoli servieren.

Aïoli

2 frische Eigelb
Salz, Pfeffer aus der Mühle
250 ml Erdnuß-, Oliven-, Traubenkern- oder Sonnenblumenöl
Saft von 1/2 Zitrone
4–6 gepreßte Knoblauchzehen

Wichtig ist, daß alle Zutaten Raumtemperatur haben! Die Eigelbe, ohne sie zu verletzen in eine kleine Schüssel gleiten lassen. Etwas Salz und Pfeffer und wenige Tropfen Öl darübergeben und mit einem Eßlöffel oder Schneebesen etwa 1 Minute fest rühren, bis die Mischung dick wird. Unter ständigem, kräftigen Rühren tropfenweise das Öl hinzufügen und so lange Rühren, bis die Masse wieder eine cremige Konsistenz erhält.
Nach etwa 2 Eßlöffeln Öl das restliche Öl unter ständigem, kräftigen Weiterrühren eßlöffelweise oder in einem dünnen Strahl einfließen lassen und darauf achten, daß die Konstinenz immer wieder fest wird. Den Zitronensaft unterrühren, den Knoblauch unterschlagen und mit Salz und Pfeffer abschmecken.

Risotto mit Scampi

Für die Scampi
12 Scampischwänze
1 EL Butter
1/2 TL feingehackter Knoblauch

Für den Risotto
800 ml Fischfond, 80 g Butter,
300 g (etwa 2 Tassen) Arborio oder anderer italienischer Risottoreis, 125 ml trockener Weißwein, 1/8 TL Safranfäden, 4 EL (etwa 1/2 Tasse) frisch geriebener Parmesan
4 Basilikumblätter, in Streifen geschnitten

Die Scampi schälen. Mit einem kleinen, scharfen Messer jedes Schwanzstück am Rücken entlang einschneiden und den schwarzen Darm entfernen. Unter kaltem Wasser waschen und auf Küchenpapier abtropfen lassen.
1 Eßlöffel Butter bei mittlerer Hitze in einer Pfanne zergehen lassen. Die Scampi und den Knoblauch unter häufigem Rühren etwa 3 Minuten darin braten lassen. Die Scampi und den Knoblauch warm halten.

Den Fischfond erhitzen und zum Kochen bringen. In einem großen Topf die Hälfte der Butter bei mittlerer Hitze zerlassen. Den Reis hinzufügen und unter ständigem Rühren etwa 3 Minuten anrösten. Sobald der Reis glasig wird, mit etwa einem Drittel der kochender Fischbrühe aufgießen. Offen bei mäßiger Hitze und unter Umrühren kochen lassen, bis die ganze Flüssigkeit fast aufgesogen ist. Anschließend ein weiteres Drittel der Fischbrühe zugeben und unter ständigem Rühren einkochen lassen. Dann das letzte Drittel der Brühe, den Wein und den Safran zufügen und unter ständigem Rühren einkochen lassen. Sollte der Reis dann noch nicht gar sein, nochmals mit Fischbrühe aufgießen, bis er weich ist. Die Scampischwänze, den Knoblauch und den Saft, der sich inzwischen gebildet hat, vorsichtig untermischen.
Die restliche Butter sowie den Parmesan unterheben. Den Risotto in tiefen Tellern anrichten, mit Basilikumstreifen garnieren und sofort servieren.

Ravioli von Meeresbewohnern und Pilzen

Für den Nudelteig
300 g Mehl
1 EL Backpulver
Salz
3 Eier
3 EL kaltes Wasser

Für die Füllung
100 g Heilbuttfilet
Pfeffer aus der Mühle
100 g Nordseekrabben
50 g Austernpilze
50 g Spinat
1 Schalotte
2 TL Traubenkernöl
1 EL Sojasauce
1 Eigelb zum Bestreichen

Für das Gemüse
80 g Lauch
1 Karotte
600 ml Fischfond
2 EL Wasser
1 TL Butter

Mehl zusammen mit Backpulver, Salz, Eiern und kaltem Wasser in einer Schüssel vermengen. Zu einem gleichmäßigen Teig verkneten und zugedeckt etwa 1/2 Stunde bei Zimmertemperatur ruhen lassen.

Das Fischfilet waschen, trockentupfen und in kleine Würfel schneiden. Mit Salz und Pfeffer leicht würzen. Die Nordseekrabben waschen und abtropfen lassen. Die Austernpilze putzen, die Stiele entfernen und die Kappen in feine Würfel schneiden. Den Spinat putzen, waschen, von harten Stielenden befreien und fein hacken. Die Schalotte schälen und in feine Würfel schneiden.

Das Traubenkernöl in einer Pfanne erhitzen, die Austernpilze und die Schalotte darin anbraten. Das Fischfilet, die Krabben und den Spinat zugeben und darin dünsten. Mit Sojasauce, Salz und Pfeffer abschmecken.

Den Lauch putzen, waschen und in Julienne-Streifen schneiden. Die Karotte schälen und ebenfalls in Julienne-Streifen schneiden.

Den Teig portionsweise auf einer bemehlten Arbeitsfläche sehr dünn ausrollen. Aus den Teigplatten Quadrate von etwa 5 x 5 cm schneiden und an den Rändern mit Eigelb bestreichen. Die Füllung auf die Ravioli verteilen, diese zusammenklappen und rundum an den Rändern mit einer Messerspitze fest zusammendrücken.

Den Fischfond, das Wasser und die Butter in einem Topf aufkochen und mit Salz und Pfeffer würzen. Die Ravioli hineingeben und bei mittlerer Hitze etwa 7 Minuten ziehen lassen.

Die fertig gegarten Ravioli vorsichtig herausnehmen und in 4 tiefen Tellern warm halten. Karotten- und Lauch-Julienne in den Fond geben und aufkochen. Die Brühe mit dem Gemüse über die Ravioli geben und alles heiß servieren.

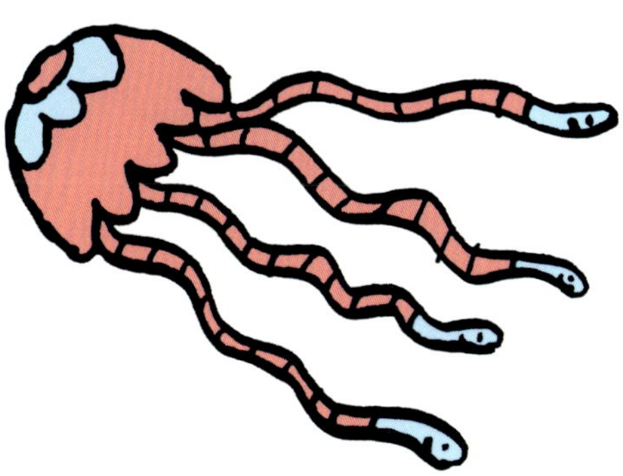

Spinatpfannkuchen mit Sauerrahm und Lachskaviar

Für die Spinatpfannkuchen
250 g aufgetauter Tiefkühl-Spinat
1/2 Bund Petersilie
3 Frühlingszwiebeln
2 Eier
3 EL Milch, nach Bedarf mehr
3 EL Sauerrahm
1 EL zerlassene Butter
100 g Mehl
geriebene Muskatnuß
Salz, Pfeffer aus der Mühle

Außerdem
80 ml Traubenkernöl
250 g Sauerrahm
200 g Lachskaviar
1 Zweig Dill

Den Spinat in einem sauberen Tuch ausdrücken. Die Petersilie waschen, die Blätter von den Stielen zupfen und fein hacken. Die Frühlingszwiebeln putzen, vom Wurzelansatz befreien und ebenfalls fein hacken. Petersilie und Frühlingszwiebeln gut mit dem Spinat vermischen.

Mit einem Schneebesen in einer großen Schüssel die Eier verquirlen. Die Milch, den Sauerrahm und die Butter hinzufügen und alles gut unterrühren. Das Mehl unterheben. Mit Muskat, Salz und Pfeffer würzen. Den Spinat unterziehen und die Mischung ca. 1/2 Stunde ruhen lassen.

In einer großen Pfanne etwas Traubenkernöl erhitzen und die Pfannkuchen portionsweise herausbacken. Für jeden Pfannkuchen 1 Eßlöffel Teig in die Pfanne geben. Nach etwa 2 Minuten wenden und auf der anderen Seite zart goldbraun braten.

Die fertigen Pfannkuchen auf eine Servierplatte legen und jeweils mit einem Klecks Sauerrahm versehen. Mit Lachskaviar und Dill garnieren und lauwarm servien.

KLEINE WARENKUNDE

Die Muskatnuß, der Kern einer immergrünen, tropischen Baumfrucht, kommt in erster Linie aus Indonesien und Grenada zu uns. Ist die aprikosenähnliche Frucht reif, so kann ihr die Muskatnuß entnommen werden. Umgeben ist sie von einem orangroten Samenmantel, der getrocknet, im Ganzen oder gerieben als Muskatblüte oder Macis (-blüte) in den Handel kommt und etwas feiner und süßer im Geschmack ist als der Kern. Hervorragend passen diese beiden Gewürze zu Gerichten mit Kürbis, Blumenkohl und Spinat sowie zu Pasteten, Terrinen und Gebäck. Es ist besser, die Muskatnuß im Ganzen zu kaufen und nach Bedarf zu reiben, da sich so ihr Aroma am besten hält. Man sagt der Muskatnuß und -blüte entkrampfende, schmerzlindernde, aufmunternde, energetisierende, inspirierende und nicht zuletzt aphrodisierende Wirkung nach ...!

Schwarze Angel Hair Nudeln mit Räucherlachs und Lachskaviar

300 g schwarze Angel Hair Nudeln
(feine Fadennudeln)
Salz
etwas Öl
3–4 EL Crème double
2 EL Sahne
Salz, Pfeffer aus der Mühle
200 g in lange, dünne Streifen
geschnittener Räucherlachs
125 g Lachskaviar
5 Blätter in Streifen geschnittenes Basilikum

Die Angel Hair in einem Topf in reichlich Salzwasser zusammen mit etwas Öl bißfest kochen. Anschließend mit kaltem Wasser abschrecken und gut abtropfen lassen.
Inzwischen die Crème double und die Sahne in einer großen Pfanne aufkochen lassen. Mit Salz und Pfeffer abschmecken. Die Nudeln in die Sahnesauce geben und die Lachsstreifen untermischen. Bei schwacher Hitze vorsichtig kurz durchmischen.
Auf vorgewärmten Tellern verteilen. Portionsweise mit Kaviar und Basilikumstreifen garnieren, sofort servieren.

KLEINE WARENKUNDE
Lachskaviar – auch Keta-Kaviar oder roter Kaviar – ist der Rogen vom Keta-Lachs, dem pazifischen Chum Salmon oder auch Dog Salmon. Sein Korn ist rot, besonders groß und sehr empfindlich. Der Keta-Kaviar gilt als ausgezeichneter Kaviarersatz. Er ist sowohl preislich als auch kulinarisch eine gute Alternative zum echten Kaviar. Wichtig: Kaviar sollte niemals mit Silber oder Edelstahl in Berührung kommen, da durch die Oxidation der Geschmack sonst enorm leidet. Verwenden Sie Bestecke aus Perlmutt, Horn, Schildpatt oder Holz.

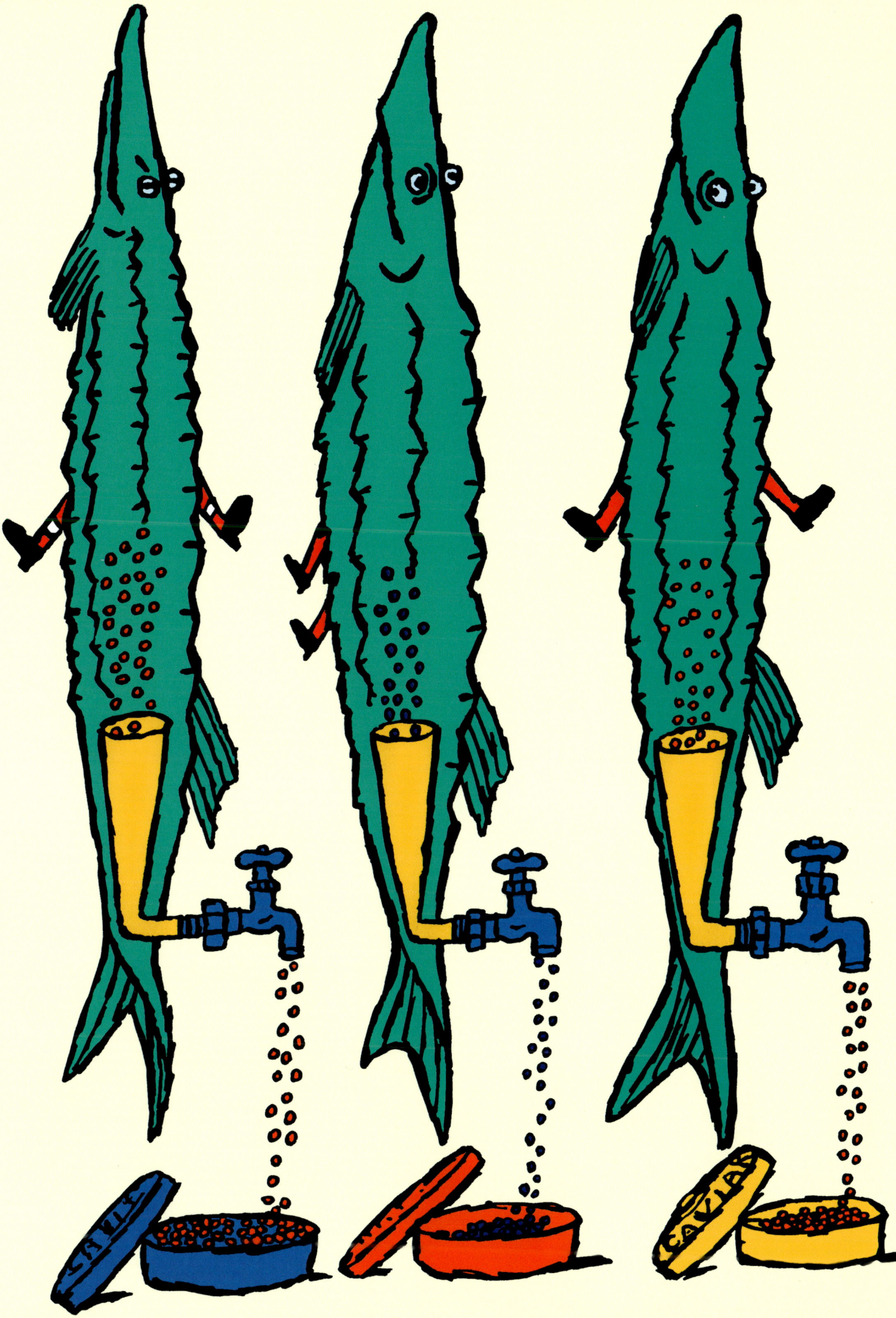
CAVIAR

Kabeljaufrikadellen

800 g Kabeljaufilets
400 g frischgekochte Kartoffeln
1 Zwiebel
2 Eier
Salz, Pfeffer aus der Mühle
Paniermehl
1–2 EL Butter
1/2 Bund Schnittlauch
100 g Crème fraîche

Die Kabeljaufilets waschen und mit kochendem Wasser überbrühen. Abtropfen lassen und entgräten. Die Filets sehr fein hacken oder durch die mittlere Scheibe eines Fleischwolfs drehen.

Die gekochten Kartoffeln schälen und durch eine Kartoffelpresse drücken. Die Zwiebel schälen und fein hacken. Die Fischmasse zusammen mit den gepreßten Kartoffeln, der gehackten Zwiebel und den Eiern in einer Schüssel vermengen und zu einer homogenen Masse verarbeiten. Mit Salz und Pfeffer würzen, zu Frikadellen formen und in Paniermehl wenden.

Danach die Butter in einer Pfanne zerlassen und die Kabeljaufrikadellen darin portionsweise goldbraun braten. Den Schnittlauch waschen, in Röllchen schneiden und unter die Crème fraîche rühren.

Die Kabeljaufrikadellen auf einer Servierplatte anrichten und zusammen mit der Schnittlauch-Crème-fraîche servieren. Dazu paßt ein gemischter Salat.

WUßTEN SIE EIGENTLICH ...

daß Dorsch und Kabeljau ein und derselbe Fisch sind? Kabeljau ist im Nordseegebiet der übliche Name für die geschlechtsreifen und auch die großwüchsigeren Exemplare. Die kleineren Exemplare sowie die Jungfische tragen – vor allem im Ostseegebiet – den Namen Dorsch.

Unter Wasser

Fischsuppen und Fischeintöpfe

Und es wallet und siedet und brauset und zischt,
Wie wenn Wasser mit Feuer sich mengt,
Bis zum Himmel spritzet der dampfende Gischt,
Und Flut auf Flut sich ohn Ende drängt,
Und will sich nimmer erschöpfen und leeren,
Als wollte das Meer noch ein Meer gebären.

Ganz so wild wie in Friedrich Schillers Ballade »Der Taucher« werden die Fischsuppen im folgenden Kapitel nicht gekocht. Dennoch wünscht man sich bei manchem Süppchen, daß es sich »nimmer erschöpfe«, weil es derart lecker schmeckt!

Suppe von Meeresmuscheln

2 große Schalotten
1 Knoblauchzehe
1/2 Selleriestange
1/2 Bund Basilikum
800 g Strauchtomaten
5 EL Traubenkernöl
1/2 TL frisch gemahlener, schwarzer Pfeffer
1/2 l Wasser
125 ml Weißwein
2 kg gemischte, geputzte Muscheln
1/4 Bund Schnittlauch
1 TL abgeriebene Schale einer
unbehandelten Zitrone

Die Schalotten schälen und in Ringe schneiden. Die Knoblauchzehe abziehen und in hauchdünne Scheiben schneiden. Die Selleriestange waschen und hacken. Das Basilikum waschen, die Blätter von den Stielen zupfen und hacken. Danach die Strauchtomaten waschen, enthäuten und hacken.

Traubenkernöl in einer großen, tiefen Pfanne erhitzen. Die Schalotten und den Knoblauch darin glasig werden lassen. Sellerie, Basilikum und Pfeffer hinzugeben und mit Wasser aufgießen. Kurz aufkochen lassen. Die Strauchtomaten hinzufügen und etwa 8 Minuten bei mittlerer Hitze köcheln lassen. Den Weißwein dazugießen und alles soweit reduzieren, bis die Suppe eine leicht bindende Konsistenz erhält. Die Muscheln in diesen Sud geben und bei starker Hitze etwa 4 Minuten kochen, bis sie sich gerade öffnen.

Den Schnittlauch waschen und in Röllchen schneiden. Die Muschelsuppe mit den Schnittlauchröllchen und der Zitronenschale bestreuen und heiß servieren.

KÜCHENTECHNISCHES

Tomaten abziehen, entkernen und hacken – so geht's: Die Tomaten oben über Kreuz einritzen und auf einer Schaumkelle einzeln für 8 bis 15 Sekunden in kochendes Wasser halten.
Sobald sich die eingeritzte Haut leicht kräuselt, herausnehmen und mit kaltem Wasser abschrecken. Vom Stielansatz befreien und die Haut abziehen. Die geschälten Tomaten quer durchschneiden und die Kerne sowie die Flüssigkeit herauspressen, den Rest mit einem Messer oder einem Löffel herausschaben. Anschließend das Fruchtfleisch in Scheiben schneiden und hacken.

Rochenfrikassee

1 Karotte
1 Selleriestange
1 Stange Lauch
1 kg frischer Rochenflügel
Salz
1/4 TL geriebene Muskatnuß
1/2 l Wasser
50 g Butter
250 ml Sahne
125 ml Weißwein

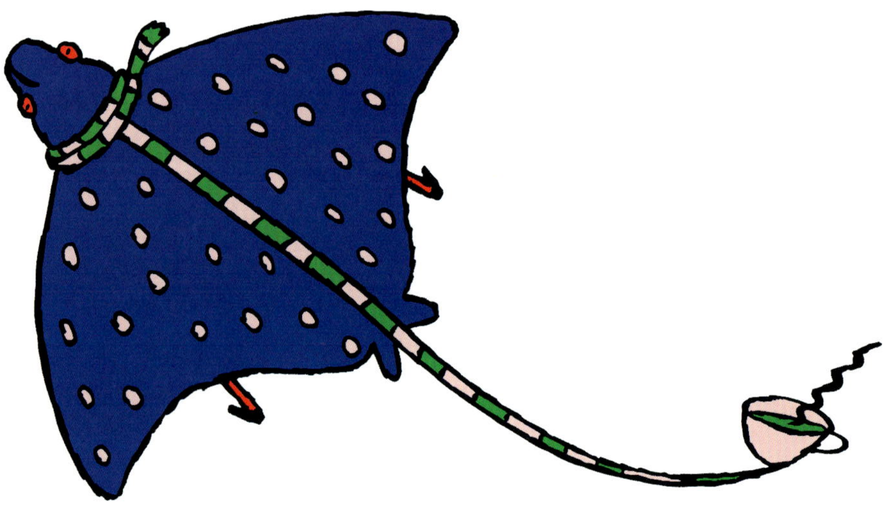

Die Karotte schälen und in grobe Stücke schneiden. Den Sellerie und den Lauch putzen, waschen und ebenfalls in grobe Stücke schneiden. Den Rochenflügel waschen, trockentupfen und in 5 cm große Stücke schneiden.

Die Rochenflügelstücke zusammen mit Gemüse, Salz, Muskatnuß und Wasser in einen großen Topf geben und etwa 1/4 Stunde köcheln lassen. Anschließend die Rochenstücke herausheben und warm stellen.

Die Butter zerlassen und in den Sud geben. Sahne und Weißwein zugießen und die Sauce etwa 10 Minuten einkochen lassen. Mit Salz abschmecken. Die Rochenstücke in die Sauce legen und heiß servieren.

KLEINE WARENKUNDE

Die Rochen, Verwandte der Haie, zählen zu den elegantesten Fischen. Mit ihren vergrößerten Brustflossen fliegen sie förmlich durch das Wasser. Sie gehören zu den Knorpelfischen, d.h. sie haben keine Gräten. Da sie sich von Schalen- und Krustentieren ernähren, erinnert ihr Geschmack an Krabbenfleisch. Den eßbaren Teil der Rochen bilden die beiden Flügel. Ihre Haut muß gründlich mit Wasser und Salz oder Essig gereinigt werden, um eventuell vorhandenen Schleim zu entfernen.

Heilbuttcurry mit Nudeln

Für das Curry

400 g Heilbuttfilet ohne Haut
1 Banane
1 Babyananas
2 Kaffirblätter
400 ml Fischfond
400 ml Kokosmilch
1 EL Currypulver
2 Zweige Koriandergrün
Salz, weißer Pfeffer

Für die Nudeln

125 ml Traubenkernöl
50 g Glasnudeln

Das Heilbuttfilet waschen, trockentupfen und in ca. 3 cm große Würfel schneiden. Die Banane und die Ananas schälen und in kleine Würfel schneiden. Die Kaffirblätter waschen und in feine Streifen schneiden.

Den Fischfond in einem Topf erhitzen. Die Kokosmilch zugeben und das Currypulver untermischen. Alles gut verrühren, bis eine glatte Brühe entsteht. Das Koriandergrün waschen, die Blätter von den Stielen zupfen und in die Fischbrühe geben.

Die Ananaswürfel und die Kaffirblätterstreifen in die Fischbrühe geben und das Ganze zugedeckt bei schwacher Hitze etwa 2 Minuten ziehen lassen. Das Fischfleisch und die Bananenwürfel hinzufügen und zugedeckt weitere 2 bis 3 Minuten ziehen lassen, bis der Fisch gar ist. Mit Salz und Pfeffer abschmecken.

Das Öl in einem Topf erhitzen. Die Glasnudeln zerkleinern und im Öl etwa 4 Minuten fritieren, bis sie knusprig sind. Danach mit einem Schaumlöffel herausheben und abtropfen lassen. Das Heilbuttcurry in tiefen Tellern anrichten und mit den fritierten Glasnudeln belegen.

Krustentiereintopf mit Serranoschinken

2 Hummer à 500 g
Salz
12 Riesengarnelen in der Schale
500 g gemischte Muscheln, je nach Saison
2–3 Zwiebeln
1–2 Knoblauchzehen
1 Paprikaschote
900 g Tomaten
4 EL Traubenkernöl
3 EL feingehackter Serranoschinken
1 großes, zerriebenes Lorbeerblatt
1 Messerspitze Safranfäden
1 l Wasser
250 ml trockener Weißwein
3 EL Zitronensaft
Salz, Pfeffer aus der Mühle

Die Hummer in reichlich sprudelnd kochendem Salzwasser mit dem Kopf voran etwa 5 Minuten kochen. Die Schalen entfernen, das Fleisch auslösen und in 3 cm dicke Stücke schneiden.

Die Garnelen aus der Schale lösen, das Schwanzende daran belassen. Mit einem scharfen Messer der Länge nach einschneiden und den schwarzen Darm entfernen. Die Muscheln putzen und waschen.

Die Zwiebeln und den Knoblauch schälen und fein hakken. Die Paprikaschote putzen, von Kernen und Stielansatz befreien, waschen und ebenfalls fein hacken. Die Tomaten oben über Kreuz einritzen, auf einer Schaumkelle einzeln für einige Sekunden in kochendes Wasser halten und dann kalt abschrecken. Vom Stielansatz befreien, enthäuten, entkernen und das Fruchtfleisch fein würfeln.

In einem großen Topf das Traubenkernöl erhitzen, bis sich leichter Rauch bildet. Die Zwiebeln, den Knoblauch und die Paprikaschote hinzugeben. Alles dünsten, bis das Gemüse weich, aber nicht braun ist. Die Schinkenwürfel hinzufügen und etwa 3 Minuten erhitzen. Die Tomaten, das Lorbeerblatt und die Safranfäden zugeben. So lange kochen, bis die Flüssigkeit fast vollständig verdunstet ist. Mit dem Wasser, dem Weißwein und dem Zitronensaft aufgießen und unter häufigem Rühren kräftig aufkochen.

Anschließend die Hummer, die Garnelen und die Muscheln in den Sud geben. Bei mäßiger Hitze 8 bis 10 Minuten köcheln lassen. Alle Muscheln, die sich nicht geöffnet haben, aussortieren und wegwerfen. Den Krustentiereintopf kräftig mit Salz und Pfeffer abschmecken und in einer vorgewärmten Schüssel servieren.

KLEINE WARENKUNDE

Der luftgetrocknete Serranoschinken ist eine spanische Spezialität. Lieferanten für das exquisite Fleisch sind die berühmten »schwarzen Schweine«, die in der Sierra de Aracena auf saftigen Wiesen unter Steineichen im Freien gehalten werden. Die Tiere ernähren sich von Kräutern, Wurzeln und Eicheln. Diese einzigartige Diät gibt dem Fleisch einen herzhaften Geschmack. In der reinen Luft des kleinen Bergdorfes Jabuga reift der Schinken dann in mehreren Monaten zur Delikatesse heran.

Saiblingsuppe mit Champagner

Für die Bouillon
1 kg frische, küchenfertige Saiblinge
1/8 Sellerieknolle
1 Karotte
1 Stange Lauch
1/2 Bund Petersilie
2 Lorbeerblätter
1/2 TL Pfefferkörner
1 l Wasser
2 Eiweiß
Salz

Außerdem
400 g Saiblingfilets
200 ml Champagner
1 Zitrone
1/2 Bund Basilikum

Die Fische für die Bouillon unter fließendem Wasser säubern. Den Sellerie und die Karotte schälen und in grobe Stücke schneiden. Den Lauch putzen, waschen und ebenfalls in grobe Stücke schneiden. Die Petersilie waschen. Die Saiblinge zusammen mit Wurzelgemüse, Petersilie, Lorbeer und Pfefferkörnern in Salzwasser etwa 2 Stunden köcheln lassen. Immer wieder den sich bildenden Schaum abschöpfen. Die Brühe abseihen, mit dem Eiweiß klären und durch einen Kaffeefilter oder eine Serviette filtern.

Die Saiblingfilets von eventuellen Gräten befreien, waschen und trockentupfen. Die Bouillon nochmals aufkochen. Die Filets hineingeben und auf kleiner Flamme etwa 5 Minuten ziehen lassen. Die Fischfilets vorsichtig herausnehmen und in einer vorgewärmten Suppenterrine warm halten.

Die Bouillon mit dem Champagner verfeinern, erhitzen, aber nicht mehr aufkochen. Die Zitrone schälen, filieren und entkernen. Das Basilikum waschen, die Blätter von den Stielen zupfen und in Streifen schneiden. Die heiße Bouillon in die Terrine über die Saiblingfilets gießen. Mit Basilikum bestreuen. Servieren und die Zitronenfilets dazu reichen.

Blaues Wunder

Gedämpfter Fisch

Blau ist die Farbe des heiteren Himmels, der ziellosen Ferne, ein Sinnbild der Treue und der ewig schweifenden Sehnsucht. Kein Wunder also, daß die Fische meist verträumt gucken, sind sie doch ständig von Unmengen an Blau umgeben!
Die Meeresbewohner müssen keinen Alkohol zu sich nehmen, um sprichwörtlich blau zu werden. Hierfür gart man sie sanft in Wasserdampf, gibt man ein wenig Essig dazu, werden sie noch blauer.

Gefüllte Seezunge mit Avocado

Für die Röllchen
1 Stange Lauch
1 Karotte
1/8 Sellerieknolle
1 EL europäisches Sesamöl
Salz, Pfeffer aus der Mühle
8 Seezungenfilets à 90 g

Für die Sauce
125 ml Fischfond
125 ml trockener Weißwein
1 Lorbeerblatt
1 Avocado
2 EL Zitronensaft
1 kleine, frische, rote Chilischote
2 kleine Schalotten
1 kleines Stück Ingwerwurzel
1/4 – 1/2 Bund Thaibasilikum
4 EL Olivenöl
Zucker

Den Lauch putzen, waschen und in 4 cm lange Julienne-Streifen schneiden. Die Karotte und den Sellerie schälen und ebenfalls in 4 cm lange Julienne-Streifen schneiden. Das Öl in einer Pfanne erhitzen und Lauch-, Karotten- und Selleriestreifen darin bißfest dünsten. Mit Salz und Pfeffer würzen und abkühlen lassen.

Die Seezungenfilets von eventuellen Gräten befreien, waschen und trockentupfen. Mit der dünnen Hautseite nach oben auf einer Arbeitsfläche ausbreiten. Das gedünstete Gemüse darauf legen, jedes Filet einrollen und mit einem Zahnstocher fixieren.

Den Fischfond in einem Kochtopf erhitzen. Den Weißwein zugießen, das Lorbeerblatt hinzufügen und alles aufkochen. Die Seezungenröllchen hineinlegen und bei schwacher Hitze etwa 6 Minuten ziehen lassen. Anschließend die Röllchen aus dem Sud nehmen. Warm halten.

Inzwischen die Avocado schälen und den Kern entfernen. Das Fruchtfleisch in Würfel schneiden und mit dem Zitronensaft beträufeln, damit es sich nicht verfärbt. Die Chilischote waschen, vom Stielansatz befreien, entkernen und fein hacken. Die Schalotten und den Ingwer schälen und ebenfalls fein hacken. Das Thaibasilikum waschen, die Blätter von den Stielen zupfen und hacken.

Avocado, Chilischote, Schalotten und Ingwer in den Fischfond geben. Das Olivenöl und das Thaibasilikum hinzufügen. Alles durchmischen und mit Zucker, Salz und Pfeffer abschmecken. Nochmals erwärmen, jedoch nicht kochen, da sonst die Avocado leicht bitter werden kann.

Die Seezungenfilets auf vorgewärmten, tiefen Tellern verteilen. Mit der Fischsauce übergießen und servieren.

KLEINE WARENKUNDE

Das Thaibasilikum ist am purpurroten Stengel und den grünen, leicht gezackten Blättern zu erkennen. Es hat ein süßliches Anisaroma.

Fischsoufflé

Für die Farce

600 g Fischfilets
(z. B. Heilbutt, Seezunge, Seeteufel)
3 kleine Schalotten
2 EL Butter
1/4 – 1/2 Bund Dill
3 Eier
125 g Crème fraîche
Salz, Pfeffer aus der Mühle
Öl für die Souffléförmchen

Für die Sauce

250 ml Fischfond
200 ml Sahne
2 EL Butter
1 Messerspitze Safranfäden
1 EL Zitronensaft

Außerdem

etwas Dill zum Garnieren

Die Fischfilets von eventuellen Gräten befreien, waschen, trockentupfen und in grobe Würfel schneiden. Die Schalotten schälen und fein hacken. Die Butter in einer Pfanne erhitzen und die Filetstücke zusammen mit den Schalotten darin anbraten. Beiseite stellen und etwas abkühlen lassen. Den Dill waschen, von den Stielen zupfen und fein hacken. Fisch, Schalotten, Eier, Crème fraîche, Dill, Salz und Pfeffer in einem Mixer zu einer Farce aufschlagen. 4 Souffléförmchen mit Öl ausstreichen und mit der Farce füllen. Im Wasserbad bei 150 °C 25 bis 30 Minuten stocken lassen. Anschließend im Ofenrohr bei etwa 70 °C warm stellen. Den Fischfond zusammen mit der Sahne, der Butter und dem Safran so lange kochen, bis die Sauce eine cremige Konsistenz hat. Mit Zitronensaft, Salz und Pfeffer abschmecken. Die Fischsoufflés auf warme Teller stürzen und mit der heißen Sauce übergießen. Mit Dill garnieren und sofort servieren.

Loup de mer in Rotweinsauce

Für die Sauce

1 Karotte
1 Stange Lauch
2 Selleriestangen
2 Zwiebeln
1 Knoblauchzehe
1 EL Traubenkernöl
500 ml Beaujolais (franz. Rotwein)
250 ml Fischfond
1 EL kalte Butter

Für den Fisch

4 Loup de mer-Filets à 150 g
Salz, Pfeffer aus der Mühle
2 EL Butter

Die Karotte schälen und in kleine Würfel schneiden. Den Lauch und den Sellerie putzen, waschen und ebenfalls in kleine Würfel schneiden. Die Zwiebeln schälen, den Knoblauch abziehen und beides fein hacken.
In einem Topf das Traubenkernöl erhitzen und das Gemüse darin anschwitzen. Mit dem Beaujolais ablöschen. Den Fischfond dazugießen. Unbedeckt bei mittlerer Hitze etwa eine 3/4 Stunde köcheln lassen, bis die Sauce auf die Hälfte reduziert ist.

Inzwischen die Fischfilets von eventuellen Gräten befreien, waschen und trockentupfen. Mit Salz und Pfeffer würzen. Die Butter zerlassen und die Filets damit von beiden Seiten bestreichen. In einem Topf 3 bis 5 Minuten dämpfen.
Währenddessen die Sauce durch ein Sieb passieren und mit der kalter Butter binden. Mit Salz und Pfeffer würzen. Die Fischfilets auf vorgewärmte Teller legen und zusammen mit der heißen Sauce servieren.

Rotbarbenfilets mit Tomaten und Basilikum

4 küchenfertige Rotbarben
Salz, Pfeffer aus der Mühle
2 Karotten
2 Zucchini
8 Tomaten
3 EL Olivenöl
2 EL Zitronensaft
1 TL abgeriebene Schale
einer unbehandelten Orange
100 ml Wasser
1/2 Bund Basilikum
etwas Dill zum Garnieren

Die Rotbarben sorgfältig filieren. Die Haut dabei an den Filets belassen und möglichst nicht verletzen. Die Filets von eventuellen restlichen Gräten befreien, waschen und trockentupfen. Nur wenig salzen und pfeffern.

Die Karotten schälen und in Julienne-Streifen schneiden. Die Zucchini waschen und ebenfalls in Julienne-Streifen schneiden. Die Tomaten oben über Kreuz einritzen, auf einer Schaumkelle einzeln für einige Sekunden in kochendes Wasser halten und dann kalt abschrecken. Vom Stielansatz befreien, enthäuten, entkernen und das Fruchtfleisch fein würfeln.

Das Olivenöl in einem Topf erhitzen. Karotten- und Zucchini-Julienne darin andünsten. Die Tomaten hinzufügen und mitdünsten. Den Zitronensaft dazugießen und die abgeriebene Orangenschale zugeben. Mit dem Wasser aufgießen. Die Rotbarbenfilets mit der Hautseite nach unten auf einem Dämpfeinsatz in den Topf geben. Etwa 5 Minuten vorsichtig dämpfen.

Das Basilikum waschen, die Blätter von den Stielen zupfen und in Streifen schneiden. Die Basilikumstreifen mit in den Sud geben und kurz ziehen lassen. Alles mit Salz und Pfeffer abschmecken.

Auf vorgewärmten, tiefen Tellern die Gemüsestreifen zusammen mit dem Sud anrichten. Die Fischfilets darauf legen. Mit Dill garnieren und servieren.

KÜCHENTECHNISCHES

Zum Filieren bei dem ausgenommenen Fisch mit einem scharfen Messer am Kopf hinter den Kiemen ansetzen und den Kopf schräg abschneiden. Den Fisch flach auf eine Arbeitsfläche legen. Am Rücken mit dem Messer am Kopfende schräg ansetzen und längs des Rückgrats das Filet bis zum Schwanz abschneiden. Ebenso auf der anderen Seite verfahren. Nun die großen, durchtrennten Gräten in der Bauchhöhle seitlich mit dem Messer herausschneiden. Anschließend die Filets sorgfältig mit einer Pinzette von den restlichen Gräten befreien.

DREI MÄNNER A
INE
MARIE·SUSI
I LOVE

Gedämpfter Red Snapper mit Ingwer und Kaffirblättern

Für den Fisch

4 Red Snapper-Filets à 150 g
Salz
6 frische, feine Ingwerscheiben
6 Kaffirblätter

Für die Sauce

2 TL Zucker
Saft von einer 1/2 Zitrone
4 TL Tamarindenpaste
2 TL Tomatenketchup

Die Fischfilets waschen und trockentupfen. Auf der Hautseite mit einem scharfen Messer mehrfach über Kreuz einritzen und salzen. Die Ingwerscheiben und die gewaschenen Kaffirblätter in feine Streifen schneiden.

Etwas Wasser in einem Topf zum Kochen bringen. Die Fischfilets mit der Hautseite nach unten auf einen Dämpfeinsatz legen. Ingwer- und Kaffirstreifen darüberstreuen und den Dämpfeinsatz in den Topf stellen. Zugedeckt, je nach Dicke der Filets, in 5 bis 10 Minuten garen. Die Aromaten von den Filets entfernen und diese warm halten.

In einem kleinen Topf den Zucker, den Zitronensaft und die Tamarindenpaste unter ständigem Rühren aufkochen lassen. Vom Herd nehmen und das Ketchup hinzufügen. Die Sauce unter Rühren in etwa 5 Minuten cremig werden lassen. In eine kleine Schüssel füllen.

Die Red Snapper-Filets auf 4 vorgewärmten Tellern anrichten und die Sauce separat dazu reichen. Als Beilage eignet sich Basmatireis.

Saiblingfilets mit chinesischer Sauce

Für die Marinade
1 Schalotte
1 Frühlingszwiebel
1 Knoblauchzehe
1 EL geriebene Ingwerwurzel
1/4 TL Tabasco

Für den Fisch
4 Saiblingfilets à 180 g
1 EL Currypulver
Salz, Pfeffer aus der Mühle

Außerdem
120 ml Kokosöl

Die Schalotte und die Frühlingszwiebel schälen und fein hacken. Den Knoblauch abziehen und ebenfalls fein hakken. Die Schalotte, die Frühlingszwiebel und den Knoblauch zusammen mit dem Ingwer und der Tabascosauce verrühren.

Die Saiblingfilets von eventuellen Gräten befreien, waschen und trockentupfen. Mit der Marinade einpinseln und etwa 20 Minuten ziehen lassen.

Die Filets aus der Marinade nehmen und mit Curry, Salz und Pfeffer würzen. In einer Pfanne das Kokosöl erhitzen und die Saiblingfilets darin 3 bis 5 Minuten anbraten. Die Marinade hinzufügen und nochmals kurz erhitzen. Anschließend neben dem Herd etwa 10 Minuten ziehen lassen.

Die Fischfilets zusammen mit der Marinade auf 4 Tellern anrichten und lauwarm servieren.

Gefüllter Egli in Wurzelsud

Für den Sud
1 Sellerieknolle
3 Schalotten
1 Stange Lauch
Salz, Pfeffer aus der Mühle

Für die Farce
300 g Hechtfilet
2 EL Olivenöl
150 g Egerlinge
1 Bund Schnittlauch

Für den Fisch
4 küchenfertige Eglis à 300 g

Außerdem
80 g frisch geriebener Meerrettich

Den Sellerie und die Schalotten schälen und grob zerkleinern. Den Lauch putzen, waschen, vom Wurzelansatz befreien und ebenfalls grob kleinschneiden. Das Gemüse in einen Topf geben und mit Wasser aufgießen. Mit Salz und Pfeffer würzen und leicht köcheln lassen.

Das Hechfilet waschen und trockentupfen. Das Öl in einer Pfanne erhitzen und das Hechtfilet darin kurz anbraten. Anschließend in einem Mixer zerkleinern.

Die Egerlinge putzen und fein hacken. Den Schnittlauch waschen und in feine Röllchen schneiden. Das pürierte Hechtfilet zusammen mit den Egerlingen und dem Schnittlauch gut vermengen und die Farce mit Salz und Pfeffer abschmecken.

Die Eglis waschen und trockentupfen. Die Bauchhöhlen mit der Farce füllen und mit je einem Schaschlikspießchen verschließen. Im vorbereiteten Sud bei mittlerer Temperatur etwa 1/4 Stunde ziehen lassen.

Die Eglis zusammen mit etwas Sud in tiefe Teller geben. Mit dem frisch geriebenen Meerrettich garnieren und servieren.

ÜBRIGENS:
Egli ist die schweizerische Bezeichnung für den Flußbarsch!

Fliegendes Wassergetier

Fisch aus der Pfanne

Es gibt sie ja tatsächlich, die fliegenden Fische, die, wenn Gefahr droht, bis zu 200 m weit fliegen können. Die restlichen 100 m bis zum Fischernetz legen sie aber doch schwimmend zurück, denn trotz ihrer Flügel landen sie früher oder später in einer Pfanne, und dort wird dann höchstens gehüpft. Dazu bedarf es aber keiner Flügel, das können auch die anderen Fischarten. Fisch aus der Pfanne schmeckt besonders delikat, wie das nächste Kapitel zeigt.

Bärenkrebse in Sahnesauce

12 Bärenkrebse
125 g Butter
Salz, Pfeffer
Saft einer 1/2 Limette
2 EL Cognac
4 EL Champignonwürfel
2 EL trockener Sherry
1 Messerspitze Cayennepfeffer
250 ml Sahne

Das Krebsfleisch aus den Schwänzen lösen, waschen und fein würfeln. Die Butter in einer Pfanne zerlassen und das Krebsfleisch kurz darin anbraten. Danach mit Salz, Pfeffer und Limettensaft würzen und noch etwa 5 Minuten bei schwacher Hitze köcheln lassen. Dann alles mit Cognac ablöschen.

Die Champignonwürfel zusammen mit dem Sherry, dem Cayennepfeffer zugeben und etwa 3 Minuten mitköcheln lassen. Zum Schluß die Sahne einrühren und bei schwacher Hitze unter ständigem Rühren etwas einkochen lassen. Sobald die Sauce eine sämige Konsistenz hat, das Ganze sofort in tiefen Teller servieren.

KLEINE WARENKUNDE
Bärenkrebse sind etwas unansehnlich, ihr Schwanzfleisch schmeckt aber sehr lecker. Sie werden nicht häufig angeboten, daher empfiehlt es sich, diese Spezialität beim Fischhändler vorzubestellen.

Seeteufel im Reisblattmantel mit Wurzelgemüse

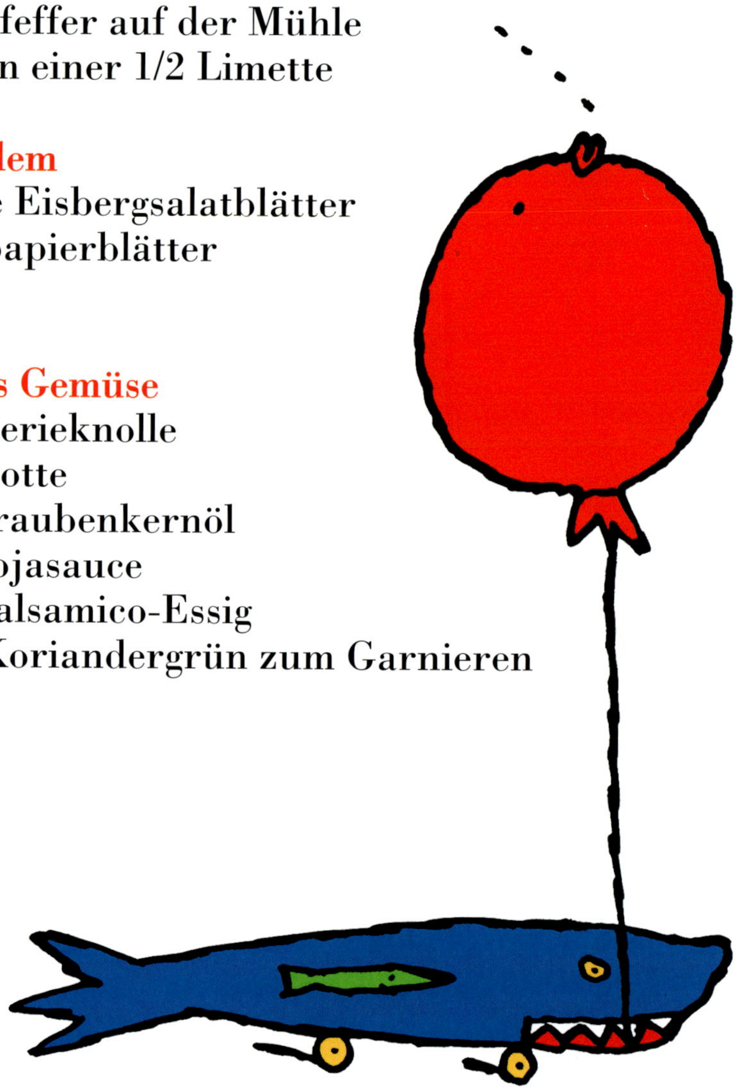

Für die Farce

500 g Seeteufelfilet am Stück
1 kleine Schalotte
1 Eiweiß
Salz, Pfeffer auf der Mühle
Saft von einer 1/2 Limette

Außerdem

8 große Eisbergsalatblätter
8 Reispapierblätter
1 Ei

Für das Gemüse

1/8 Sellerieknolle
1 Schalotte
4 EL Traubenkernöl
2 EL Sojasauce
1 EL Balsamico-Essig
etwas Koriandergrün zum Garnieren

Das Seeteufelfilet waschen und mit einem Küchenpapier trockentupfen. In 8 gleich große Scheiben schneiden. Die übrigen Fischabschnitte mit einem scharfen Messer zu feinem Tatar schneiden oder durch die mittlere Scheibe eines Fleischwolfs drehen. Die Schalotte schälen und fein hacken.

Das Seeteufeltatar in einer Schüssel zusammen mit der Schalotte und dem Eiweiß vermischen. Mit Salz, Pfeffer und dem Limettensaft würzen.

Die Eisbergsalatblätter putzen und die weißen Stiele herausschneiden. Waschen und mit Küchenpapier trockentupfen. Auf einer Arbeitsfläche ausbreiten und mit der Fischmasse bestreichen. Auf jedes Blatt ein Stück Seeteufel setzen und das Blatt einschlagen.

Die Reispapierblätter befeuchten und auf einem Küchentuch ausbreiten. Jeweils in die Mitte des Reispapieres ein Salat-Fisch-Päckchen legen. Das Ei aufschlagen und verquirlen. Die Ränder der Reisblätter mit dem Ei bestreichen. Die Blätter jeweils über den Päckchen zusammenfalten und dann leicht festdrücken, damit sie beim Braten zusammenhalten.

Den Sellerie schälen und in dünne Stifte schneiden. Die Schalotte schälen und in dünne Ringe schneiden.

In einer Pfanne etwa zwei Drittel des Traubenkernöls erhitzen. Die Fischpäckchen bei schwacher Hitze etwa 5 Minuten darin anbraten. Dabei mehrmals wenden.

Das restliche Traubenkernöl in einer weiteren Pfanne erhitzen. Den Sellerie und die Schalotte unter Rühren darin bei mittlerer Hitze bißfest garen. Die Sojasauce und den Balsamico-Essig unterrühren. Mit Salz und Pfeffer abschmecken.

Die Seeteufelpäckchen auf vorgewärmten Tellern anrichten und mit dem Wurzelgemüse bedecken. Mit Koriandergrün garnieren und servieren.

Schwertfisch mit Chilisauce

600 g Schwertfischfilet
Salz
2 Knoblauchzehen
1 Frühlingszwiebel
1 frische, rote Chilischote
1 EL frischer, feingeschnittener Ingwer
1 Karotte
1 kleine Zucchini
6 EL Traubenkernöl
2 EL Sojasauce
100 g frische Sprossen
(keine Rettichsprossen)
80 ml Fischfond
1 EL Maisstärke

Das Schwertfischfleisch waschen und trockentupfen. In etwa 3 cm große Würfel schneiden und leicht salzen. Die Knoblauchzehen schälen und fein hacken. Die Frühlingszwiebel putzen, waschen, vom Wurzelansatz befreien und in feine Ringe schneiden. Die Chilischote waschen und fein hacken. Die Karotte waschen, schälen und in Würfel schneiden. Die Zucchini waschen und ebenfalls in Würfel schneiden.

Das Öl in einer großen Pfanne erhitzen. Den Knoblauch und die Zwiebel darin anschwitzen. Danach Chili, Ingwer, Karotten- und Zucchiniwürfel hinzufügen und etwa 5 Minuten unter Rühren braten. Wenn das Gemüse halb gar ist, die Schwertfischwürfel dazugeben. Unter Rühren etwa 3 Minuten anbraten. Die Sojasauce, die Sprossen sowie den Fischfond zugeben und nochmals unter Rühren etwa 2 Minuten garen.

Die Maisstärke mit 2 Eßlöffeln Wasser glattrühren. Mit in die Pfanne geben und unterrühren, bis die Sauce leicht eindickt. Alles auf eine vorgewärmte Servierplatte geben. Nach Belieben zusammen mit Glasnudeln oder Basmatireis heiß servieren.

KLEINE WARENKUNDE

Sprossengemüse – vor allem die Keimlinge verschiedener Bohnenarten – sind in China schon seit mehreren Tausend Jahren bekannt und geschätzt. Die Sprossen sind reicher an Mineralstoffen, Vitaminen und anderen wertvollen Inhaltsstoffen als die ausgewachsenen Pflanzen, da ihnen die volle Kraft des Samenkorns innewohnt. Zum Keimen wird in erster Linie die Saat von verwendet: Alfalfa (Luzerne), Erbsen, Kichererbsen, Kresse, Linsen, Mungbohnen, Rettich, Senf, Grünen Sojabohnen, Sonnenblumen und Weizen. Es gibt zahlreiche Keimgeräte, die das Heranziehen von Sprossen zu Hause ermöglichen. Wichtig ist es nur, darauf zu achten, daß man das Saatgut aus Reformhäusern oder Spezialbetrieben bezieht, um sicher zu gehen, daß die Sämereien nicht mit Pflanzenschutzmittel behandelt oder gedüngt sind. Ebenso ist normales Saatgut häufig mit einem Beizmittel überzogen, das sich zwar beim Heranwachsen der Pflanzen im Freien im Boden abbaut, bei der relativ kurzen Sprossenanzucht jedoch nicht!

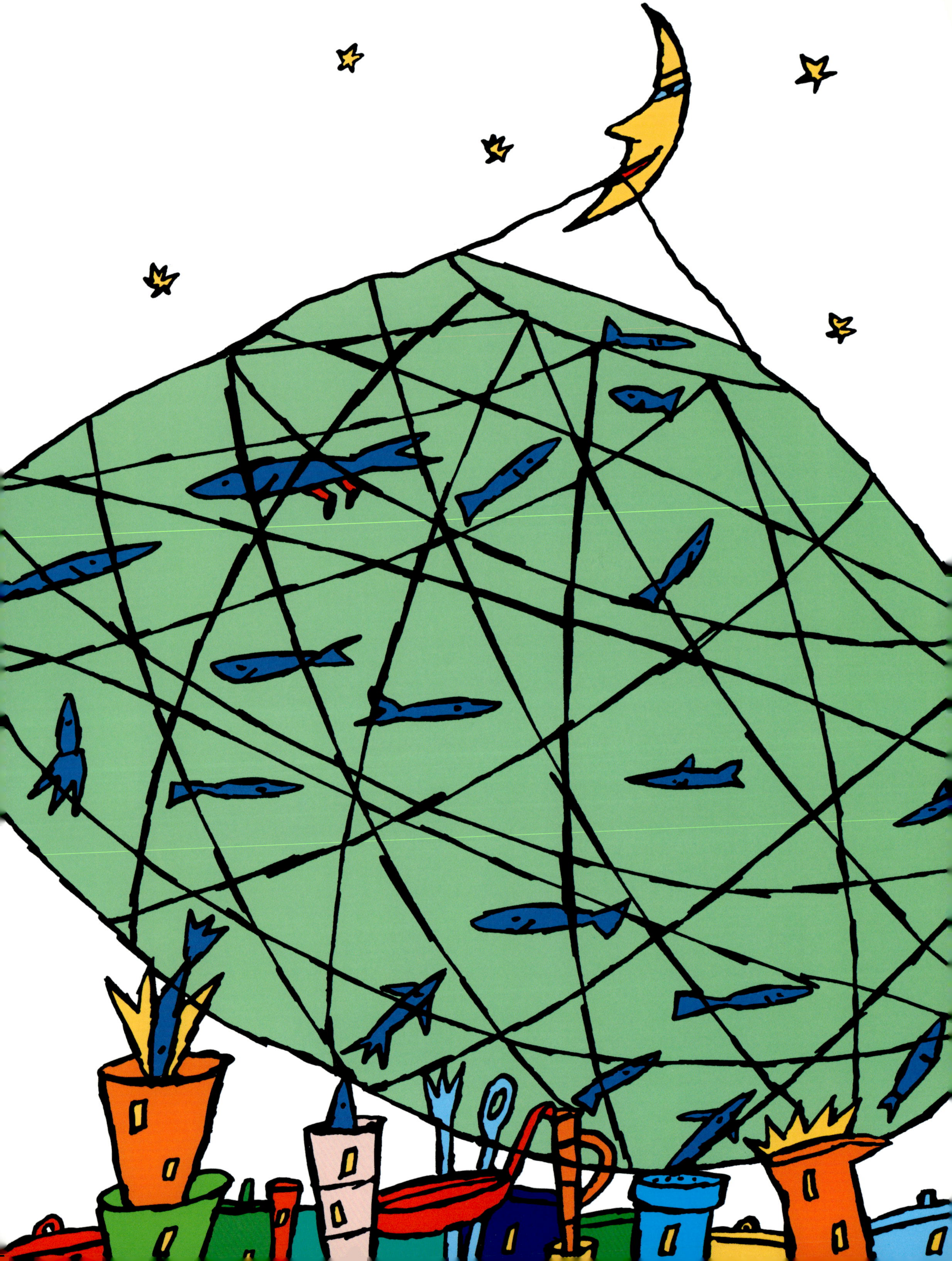

Merlanfilet mit weißem Pfeffer

Für die Sauce

1 Zwiebel
2 EL Butter
4 EL Noilly-Prat
125 ml Weißwein
300 ml Fischfond
4 EL Crème fraîche
Salz
etwas Zitronensaft

Für den Fisch

2 TL weiße Pfefferkörner
800 g Merlanfilet am Stück
4 EL Butter

Die Zwiebel schälen und fein würfeln. In einem kleinem Topf die Butter zerlassen und die Zwiebelwürfel darin glasig dünsten. Mit dem Noilly-Prat und dem Weißwein ablöschen und bei großer Hitze reduzieren. Mit dem Fischfond aufgießen und bei mittlerer Hitze etwa 10 Minuten kochen lassen. Die Crème fraîche unterrühren. Die Sauce mit Salz und Zitronensaft abschmecken.

Die weißen Pfefferkörner in einem Mörser zerstoßen. Das Merlanfilet von eventuellen Gräten befreien, waschen und trockentupfen. Salzen und mehrmals in den zerstoßenen Pfefferkörnern wenden. In 4 gleich große Portionen schneiden.

In einer Pfanne die Butter erhitzen und die Filetstücke von beiden Seiten vorsichtig gar braten. Die Sauce nochmals erwärmen. Die Fischfilets auf vorgewärmten Tellern anrichten und zusammen mit der Sauce servieren.

ÜBRIGENS ...
... ist Noilly-Prat ein Wermutwein aus Frankreich, der dort gerne als Aperitif getrunken wird.

Filets vom Wolfsbarsch mit Brunnenkresse-Sauce

Für den Fisch

4 Wolfsbarschfilets à 150–200 g
Salz, Pfeffer aus der Mühle
2 EL Traubenkernöl

Für die Sauce

1 Schalotte
80 ml trockener Weißwein
2 1/2 Bund Brunnenkresse
100 g Crème fraîche
2 EL Sahne
2 EL Butter, in 4 Stücke geschnitten

Die Fischfilets waschen, trockentupfen und leicht salzen und pfeffern. In einer Pfanne das Öl erhitzen und die Fischfilets darin auf jeder Seite 3 bis 4 Minuten braten. Die Filets aus der Pfanne nehmen und warm stellen.

Die Schalotte schälen und fein hacken. Den Wein zusammen mit der Schalotte in einen kleinen Topf geben und auf die Hälfte reduzieren. In einem Mixer pürieren und durch ein Sieb streichen.

Die Brunnenkresse von den Wurzeln befreien, waschen und abtropfen lassen. In einem Topf etwa 1 Minute in sprudelndem Salzwasser blanchieren. Abgießen und mit Eiswasser abschrecken. Abtropfen lassen und kräftig mit den Händen ausdrücken. Die Kresse in einen Mixer geben und fein pürieren.

Die Crème fraîche zusammen mit der Sahne in einem kleinen Topf aufkochen. Zur Kresse in den Mixer geben und glattrühren. Während des Rührens nach und nach die Butterstückchen hinzufügen und die reduzierte Weinmischung einfließen lassen. Mit Salz und Pfeffer abschmekken und nochmals vorsichtig erwärmen.

Die Brunnenkresse-Sauce auf 4 vorgewärmte Teller jeweils als Spiegel gießen. Die Wolfsbarschfilets darauf anrichten. Nach Belieben Kartoffeln dazu reichen.

KLEINE WARENKUNDE

Die Brunnenkresse (Nasturtium officinale) wird bereits seit dem Mittelalter nicht nur als pikantes Gemüse, sondern auch als Heilmittel hochgeschätzt. Die Blätter dieser Wasserpflanze enthalten viele Mineralstoffe wie Kalcium und Phosphor, vor allem aber Eisen und besonders Jod. Auch der Gehalt an ätherischen Ölen, Provitamin A und Vitamin C ist extrem hoch. Daher erfreut sich die Brunnenkresse seit jeher vor allem im Winter großer Beliebtheit als Lieferant lebensnotwendiger Vitamine und Mineralien. Zu diesem Fischgericht bildet sie eine schöne Saucenbasis, da der Wolfsbarsch seinen geschmacklichen Höhepunkt von der Wintermitte bis zum Frühjahrsbeginn erreicht.

Steinbutt mit Steinpilzen

300 g Steinpilze
1 Knoblauchzehe
2 EL Traubenkernöl
1 EL Schnittlauchröllchen
1 EL feingehackte Petersilie
Salz, Pfeffer aus der Mühle
4 Steinbuttfilets à 175 g
3 EL Butter

Die Steinpilze sorgfältig putzen, mit einem feuchten Tuch vorsichtig säubern und in Scheiben schneiden. Die Knoblauchzehe schälen und fein schneiden.

Das Traubenkernöl in einer Pfanne erhitzen und den Knoblauch darin anbraten. Danach die Steinpilzscheiben zugeben und kurz kross braten. Zum Schluß das Ganze vom Herd nehmen, die Kräuter untermischen und kurz ziehen lassen. Danach mit Salz und Pfeffer abschmecken.

Inzwischen in einer anderen Pfanne die Butter zerlassen. Die Steinbuttfilets waschen, mit einem Küchenpapier trockentupfen und mit Salz und Pfeffer würzen. Die Fischfilets auf beiden Seiten in der heißen Butter braten. Den Inhalt der Pilzpfanne zufügen, alles nochmals ganz kurz braten und sofort servieren.

KLEINE WARENKUNDE
Der Steinbutt gehört zu den begehrtesten Plattfischen, die bei uns auf dem Markt angeboten werden. Er eignet sich für verschiedene Zubereitungsarten, in Butter gebraten schmeckt das Fleisch aber besonders köstlich.

ELP US!
SOS

St. Petersfisch in Marsalasauce

Für den Fisch

800 g Petersfischfilets
Salz, Pfeffer aus der Mühle
etwas Mehl
60 g Butter

Für die Sauce

300 ml Marsala
1 EL Balsamico-Essig
300 ml Fischfond

Die Fischfilets waschen und trockentupfen. In 4 gleich große Portionen aufteilen und mit Salz und Pfeffer leicht würzen. Die Filetstücke mit etwas Mehl bestäuben. Die Butter in einer Pfanne erhitzen und die Filets darin von beiden Seiten goldbraun braten. Aus der Pfanne nehmen und warm stellen.

In einem kleinen Topf den Marsala zusammen mit dem Balsamico-Essig und dem Fischfond erhitzen und bis zur Hälfte einkochen lassen. Mit Salz und Pfeffer abschmekken. Die Petersfischfilets auf vorgewärmten Tellern anrichten, mit der Marsalasauce überziehen und alles servieren.

KLEINE WARENKUNDE

Der Petersfisch, auch Heringskönig genannt, ist im Mittelmeer sowie auf beiden Seiten des Nordatlantiks zu Hause. Sein Fleisch ist sehr grätenarm und von leicht süßem, nußartigem Aroma. Obwohl er eigentlich kein Plattfisch ist, da er aufrecht schwimmt, wird er oft auf die gleiche Weise wie Seezunge oder Steinbutt zubereitet. Passend zu seinem bilderbuchhaften Aussehen hat auch die Herkunft seines Namens einen märchenhaften Ursprung. Laut einer Legende forderte Jesus seinen späteren Apostel, den Fischer Petrus, auf, diesen Fisch aus dem Wasser zu holen. In seinem Maul fand Petrus dann eine Goldmünze, mit der er seine Steuern begleichen konnte. Seither hat der Petersfisch auf beiden Seiten einen großen, runden, dunklen Fleck, der als Fingerabdruck des Fischers zurückblieb.

Gefüllter Kalmar

1 großer, küchenfertiger Kalmar
à 500 g oder 2 kleinere
4 Knoblauchzehen
4 Tomaten
Olivenöl zum Braten
8 entkernte Oliven
1 EL Kapern
1 TL feingehackte Chilischote
1 EL Weißbrotbrösel (frisch vom Bäcker)
3 Zweige Oregano
Salz, Pfeffer aus der Mühle

Den Kalmar (oder 2 Exemplare) gründlich waschen und trockentupfen. Den Kopf sowie die Tentakel vom Rumpf entfernen und die Teile klein hacken. Die Knoblauchzehen abziehen und fein hacken. Die Tomaten oben über Kreuz einschneiden, auf einer Schaumkelle einzeln für einige Sekunden in kochendes Wasser halten, dann kalt abschrecken. Die Früchte von den Stielansätzen befreien und enthäuten. Dann fein würfeln.

Anschließend etwas Olivenöl in einer Pfanne erhitzen. Die Hälfte des Knoblauchs und die kleingeschnittenen Kalmarteile darin anbraten. Inzwischen die Oliven halbieren. Zusammen mit etwa der Hälfte der Tomatenwürfel und der Chilischote in die Pfanne zugeben und anbraten. Sobald das Ganze zart braun ist, die Brotbrösel zufügen und alles zu einer breiartigen Masse vermengen. Das Ganze in den Rumpf des Kalmar füllen und diesen oben mit Küchgarn zunähen. Der Kalmar sollte nicht zu prall gefüllt werden, da sich die Füllung beim Garen ausdehnt.

In einer zweiten Pfanne etwas Olivenöl erhitzen und den restlichen Knoblauch darin anbräunen. Ebenso die verbliebenen Tomatenwürfel zugeben und mitbraten. Zum Schluß die Blätter von den Oreganozweigen zupfen und untermischen. Alles mit Salz und Pfeffer abschmecken.

Anschließend den gefüllten Kalmar in den Tomatensud geben und zugedeckt etwa 20 Minuten garen lassen. Vor dem Servieren das Küchengarn entfernen.

TIP

Tintenfisch sollte möglichst rasch zu Tisch gebracht werden, da das Fleisch durch längeres Stehen zäh werden kann.

Die Sehnsucht des Ernest

Fisch vom Grill

Zwei Tage und zwei Nächte kämpft Santiago, der Held in Hemingways Roman »Der alte Mann und das Meer«, mit einem riesigen Schwertfisch, bis es ihm schließlich gelingt, das Tier zu harpunieren. Doch all seine Mühe ist umsonst, denn auf der langen Fahrt zurück zur Küste wird seine Beute von Haien angegriffen, die den Fisch verspeisen, bevor es Santiago gelingt, ihn auch nur in die Nähe eines Grilles zu bringen. Glücklicherweise kann man in unseren Breiten leichter an Schwertfisch herankommen, man geht einfach in das nächste Fischgeschäft und kauft die saftigen Filets!

Gegrillte Seebarschspieße

Für die Marinade
3 Schalotten
2 TL Korianderkörner
Saft von 3 Limetten
4 Lorbeerblätter
Salz, Pfeffer aus der Mühle

Für die Spieße
1 kg Seebarschfilets
500 g kleine Strauchtomaten
2–3 EL Olivenöl
1 unbehandelte Zitrone
4 EL gemischte, gehackte Kräuter

Die Schalotten schälen und in kleine Würfel schneiden. Die Korianderkörner in einem Mörser zerstoßen. Den Limettensaft zusammen mit den Schalottenwürfeln, den Lorbeerblättern und den Korianderkörnern in eine flaches Gefäß geben. Mit Salz und Pfeffer würzen.

Die Seebarschfilets waschen und trockentupfen. Die Filets in etwa 3 cm große Würfel schneiden und in die Marinade legen. Etwa 1/2 Stunde ziehen lassen. Inzwischen die Tomaten waschen, vom Stielansatz befreien und das Fruchtfleisch vierteln.

Abwechselnd Fischwürfel und Tomatenviertel auf dünne Edelstahlspieße stecken. Die Spieße mit Olivenöl bestreichen und auf einem elektrischen Grill oder über dem Holzkohlefeuer etwa 4 Minuten grillen.

Die Zitrone in Spalten schneiden. Die Spieße auf einer Platte anrichten. Mit den Zitronenspalten garnieren, mit den gehackten Kräutern bestreuen und servieren.

Gegrillte Forelle

4 küchenfertige Forellen
Salz, Pfeffer aus der Mühle
2 EL Olivenöl
1/2 Bund Kerbel
1/2 Bund Basilikum
100 g Butter

Die Forellen gründlich waschen und trockentupfen. Innen und außen mit Salz und Pfeffer würzen. Die Fische auf beiden Seiten mit dem Olivenöl bepinseln. Über glühender Holzkohle oder auf dem elektrischen Grill von beiden Seiten etwa 5 Minuten grillen.

Inzwischen den Kerbel und das Basilikum waschen, die Blätter von den Stielen zupfen und hacken. Die Butter in einem kleinen Topf erwärmen und goldbraun werden lassen. Die gegrillten Forellen mit den gehackten Kräutern bestreuen. Die braune Butter dazu reichen.

FISCHE GRILLEN

Natürlich liegt es auf der Hand, daß das Grillen mit dem Elektrogrill einfacher und sauberer vonstatten geht, als mit einem Holzkohlegrill. Allerdings kann man mit dieser Methode kaum die Würze erreichen, die die verbrennende Holzkohle dem Grillgut verleiht, vor allem wenn man die Kohle noch mit Aromaten wie Thymian, Rosmarin, Salbei, Fenchel oder Knoblauch versieht.

Besonders gut eignen sich ganze Fische zum Grillen, da das Fleisch durch die Gräten und die vor direkter Hitze schützende Haut schön saftig bleibt. Verwendet man Filets, so werden diese zuerst mit der Schnittfläche nach unten gegrillt, die dann beim Anrichten obenauf gelegt wird. Bei sehr dünnen Filets wird das Fleisch nur auf der Schnittfläche gegrillt, damit sich die Stücke nicht aufwölben. Wichtig ist, daß die Grillstäbe ausreichend mit Öl bestrichen werden, damit das Fischfleisch nicht am Rost haften bleibt. Bei größeren Fischen empfiehlt sich ein Grillkorb, damit die Fische beim Wenden, welches in jedem Fall sehr vorsichtig geschehen sollte, nicht verletzt werden.

Man kann auch Alufolie zwischen den Rost und die Fische legen. Diese schützt vor zu großer Hitze und Verletzungen der Fischhaut. Zudem können auf diese Weise, ebenso wie durch eine Fettauffangschale, auflodernde Flammen, die durch in die Glut tropfendes Fett entstehen, vermieden werden.

Zu beachten ist auch der Abstand zwischen Grillgut und Hitzequelle. Je größer und dicker der Fisch ist, um so größer sollte der Abstand sein. So wird die Hitzezufuhr verringert und das Fleisch wird auch innen gar, ohne daß der Fisch außen bereits zu verbrennen beginnt.

Gegrillter Thunfisch auf Linsen mit Tomatenvinaigrette

Für die Linsen
250 g grüne Linsen
1 kleine Zwiebel
1 kleine Karotte
1 Selleriestange
2 EL Traubenkernöl
Salz, Pfeffer aus der Mühle

Für die Tomatenvinaigrette
2 Tomaten
1 EL Rotweinessig
100 ml kaltgepreßtes Olivenöl

Für die Thunfischsteaks
2 EL Traubenkernöl
4 Thunfischsteaks à 200 g

Die Linsen von kleinen Steinen und Unkrautsamen befreien und über Nacht einweichen. Dann abgießen.

Die Zwiebel und die Karotte schälen und fein hacken. Die Selleriestange putzen, waschen und ebenfalls fein hacken. Das Öl in einem Topf erhitzen. Die Zwiebel, die Karotte und den Sellerie bei mittlerer Hitze etwa 5 Minuten dünsten. Die Linsen hinzufügen. Mit Wasser aufgießen, so daß alles bedeckt ist. Aufkochen lassen und ohne Deckel etwa 25 Minuten köcheln lassen. Die Linsen abgießen, sobald sie gar sind. Mit Salz und Pfeffer abschmecken und warm stellen. Den Grill vorheizen.

Die Tomaten oben über Kreuz einritzen, auf einer Schaumkelle für einige Sekunden in kochendes Wasser halten und dann kalt abschrecken. Vom Stielansatz befreien, enthäuten, entkernen und das Fruchtfleisch fein würfeln. Den Rotweinessig mit dem Olivenöl und den Tomatenwürfeln vermischen. Die Vinaigrette mit Salz und Pfeffer abschmecken.

Den Grillrost mit Traubenkernöl bestreichen. Die Thunfischstücke darauf legen und mit dem restlichen Öl bepinseln. Die Steaks von beiden Seiten jeweils 3 bis 4 Minuten grillen. Zum Schluß die Fischstücke mit Salz und Pfeffer würzen.

Die Linsen auf 4 vorgewärmten Tellern verteilen. Die Thunfischsteaks darauf anrichten. Mit der Tomatenvinaigrette überziehen und servieren.

ÜBRIGENS... *

... eignen sich zum Grillen besonders Fische mit festem und fetterem Fleisch. Fische mit etwas magerem Fleisch, wie zum Beispiel hier der Thunfisch, sollten zuvor in eine Ölmarinade eingelegt oder mit Öl bestrichen werden, damit das Fleisch nicht zu trocken wird.

Gegrillte Pampeln mit Chilischote

4 küchenfertige Silberne Pampeln
Salz, Pfeffer aus der Mühle
3 Schalotten
3 Knoblauchzehen
4 rote Chilischoten
100 ml Kokosmilch
1/2 Bund Thaibasilikum
Saft von 1 Zitrone

Die Pampeln waschen und trockentupfen. Innen und außen leicht mit Salz und Pfeffer würzen.

Die Schalotten und den Knoblauch schälen und fein hacken. Die Chilischoten entkernen und in dünne Scheiben schneiden. Die Schalotten, den Knoblauch und die Chilischoten zusammen mit der Kokosmilch in einer Schüssel verrühren. Die Pampeln in diese Marinade legen und etwa 2 Stunden darin ziehen lassen.

Die Fische aus der Marinade nehmen und etwas abtropfen lassen. Über glühender Holzkohle oder auf dem elektrischen Grill auf jeder Seite etwa 5 Minuten garen lassen. Dabei immer wieder mit der Marinade bestreichen.

Das Thaibasilikum waschen, die Blätter von den Stielen zupfen und hacken. Die fertig gegarten Fische auf eine vorgewärmte Servierplatte legen. Mit Zitronensaft beträufeln, mit dem gehackten Basilikum bestreuen und servieren.

KLEINE WARENKUNDE

Die Silberne Pampel – auch White oder Silver Pomfret genannt – gehört zur Familie der Brachsenmakrelen, mit einem ovalem, hochrückigen Körperbau. Sie ist im indopazifischen Raum beheimatet. Ihr Fleisch ist weiß, fest und eine Delikatesse!

blub, blub
luck, gluck
schluck...

Steinbutt vom Grill mit Sprossengemüse

Für den Steibutt
1 Bund Koriander
2 EL mildes Sesamöl
600 g Steinbuttfilets
Salz, Pfeffer aus der Mühle
Saft von 1/2 Zitrone

Für das Sprossengemüse
400 g gemischte, frische Sprossen
(Mungbohnen-, Sojabohnensprossen etc.,
aber keine Rettichsprossen)
1 EL mildes Sesamöl
125 ml Reiswein

Für den Steinbutt den Koriander kurz waschen, trockenschütteln und die Stiele auf einem Backblech verteilen. Mit Sesamöl beträufeln. Den Backofengrill auf die kleinst-mögliche Stufe vorheizen. Die Fischfilets waschen, trockentupfen, salzen und pfeffern und auf dem Koriander verteilen. Mit Zitronensaft beträufeln. Das Blech in den Ofen schieben und den Steinbutt etwa 15 Minuten bei milder Hitze grillen. Dabei mehrmals wenden, damit die Filets von Sesamöl benetzt werden.

Die Sprossen verlesen, kalt abbrausen und abtropfen lassen. Das Sesamöl bei mittlerer Hitze in einer Pfanne erhitzen. Die Sprossen darin unter schnellem Wenden dünsten. Mit dem Reiswein ablöschen und den Alkohol nahezu einkochen lassen. Die Sprossen zusammen mit den Steinbuttfilets servieren.

TIP

Rettichsprossen sollten nur roh genossen werden. Sie entwickeln beim Dünsten oder Garen Bitterstoffe, die sie ungenießbar machen.

Genuß aus Silber

Fisch aus dem Ofen

Heringsschwärme durchziehen silbern schimmernd das kobaltblaue Wasser, und wenn Lachse Stromschnellen überspringen, verwandelt das Glitzern ihrer Schuppen die Luft über dem Fluß in ein silbriges Flimmern. Dicht an dicht sitzen die nahezu durchsichtigen Plättchen an den schlanken Fischkörpern und umgeben ihre Träger mit einem schützenden Kleid aus Silber.
Vor der Zubereitung werden Fische ihrer Kleidung beraubt, denn die harten Schuppen beeinträchtigen den späteren Genuß der Speise erheblich. Damit sie dann nicht völlig ungeschützt in den heißen Ofen geschoben werden, empfiehlt es sich, ihnen ein neues Kleid aus Silber, zum Beispiel aus Aluminiumfolie, zu verpassen, damit das zarte Fleisch nicht trocken wird.

Gebackener Red Snapper mit Tomaten, Paprika und roten Zwiebeln

1 kg Red Snapper-Filets mit Haut
Salz, Pfeffer aus der Mühle
2 rote Zwiebeln
1 rote Paprikaschote
1 gelbe Paprikaschote
1 Knoblauchzehe
6 Tomaten
6 Basilikumblätter
100 ml Traubenkernöl
Saft von 1 Zitrone

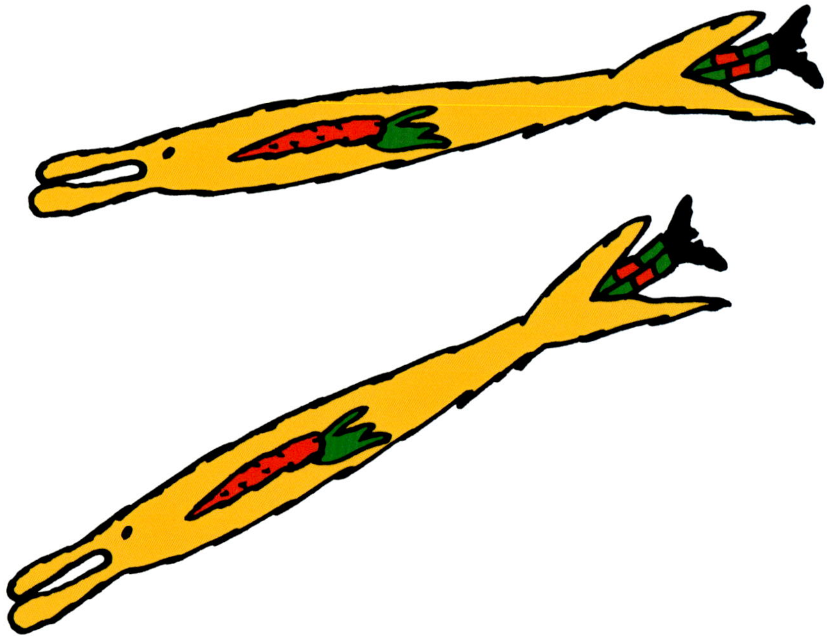

Den Ofen auf 200 °C vorheizen. Die Red Snapper-Filets waschen und trockentupfen. Mit Salz und Pfeffer würzen. Die Zwiebeln schälen und in feine Ringe schneiden. Die Paprikaschoten putzen, von den Kernen und den weißen Innenwänden befreien, waschen und in Streifen schneiden. Den Knoblauch abziehen und fein hacken. Die Tomaten oben über Kreuz einritzen, anschließend auf einer Schaumkelle einzeln für einige Sekunden in kochendes Wasser halten und dann kalt abschrecken. Vom Stielansatz befreien, enthäuten, entkernen und das Fruchtfleisch fein würfeln. Die Basilikumblätter waschen und in Streifen schneiden.

Die Hälfte des Traubenkernöls in einer großen Pfanne erhitzen. Die Zwiebeln darin dünsten, bis sie glasig sind. Die Paprikastreifen hinzufügen und etwa 5 Minuten mitdünsten. Die Temperatur zurücknehmen. Den Knoblauch und die Tomatenwürfel dazugeben und bei schwacher Hitze zugedeckt etwa 5 Minuten garen lassen. Die Pfanne vom Herd nehmen und die Basilikumstreifen untermischen.

Die Fischfilets mit dem restlichen Öl bestreichen und nebeneinander in einen Bräter legen. Im Ofen 10 bis 15 Minuten garen lassen. Anschließend die Filets mit Zitronensaft beträufeln und auf einer vorgewärmten Servierplatte anrichten. Mit dem Gemüse überziehen und servieren.

KLEINE WARENKUNDE

Traubenkernöl wird in einem schonenden Verfahren aus den getrockneten Kernen von Weintrauben gewonnen. Es ist goldgelb bis grün und im Geschmack sehr zart bis neutral. Daher eignet sich dieses Tafelöl hervorragend für die Zubereitung von Salaten, Rohkost und Mayonnaise. Ebenso ist Traubenkernöl sehr beliebt zum Braten, da es hocherhitzbar ist. Wegen seines besonders hohen Anteils an essentiellen (d.h. mehrfach ungesättigten) Fettsäuren – vor allem der Linol- oder auch Leinölsäure – wird es sehr geschätzt.

Felchenfilets mit Salbeiblättern

4 Felchenfilets à 250 g
Salz, Pfeffer aus der Mühle
etwas Mehl
Butter für die Form
100 g Butter
8 große Salbeiblätter

Den Backofen auf 200 °C vorheizen. Die Felchenfilets waschen und trockentupfen. Mit Salz und Pfeffer würzen. Die Fischfilets in Mehl wenden. Eine Gratinform mit etwas Butter ausstreichen und die Filets in die Form legen.

Für die Salbeibutter die Butter in einer Pfanne erhitzen und die Salbeiblätter hinzufügen. Weiter erhitzen, bis die Butter zu schäumen beginnt. Die Salbeibutter über die Felchenfilets gießen und alles im Ofen 5 bis 7 Minuten backen. Auf 4 vorgewärmten Tellern anrichten.

Klippfischauflauf mit Spinat

500 g Klippfischfilets (Kabeljau)
500 g Blattspinat
2 Schalotten
1 Knoblauchzehe
2 EL Olivenöl
1 TL Mehl
250 ml Milch
Salz, Pfeffer aus der Mühle
150 g geriebener Käse (Pecorino)

Die Klippfischfilets wässern und pochieren. Den Blattspinat waschen, putzen und abtropfen lassen.
Die Schalotten und den Knoblauch schälen und fein hacken. Das Olivenöl in einer Pfanne erhitzen und die Schalotten und den Knoblauch darin glasig dünsten. Das Mehl darüber stäuben und unterrühren. Mit der Milch ablöschen und bei niedriger Temperatur weiter köcheln lassen, bis die Sauce eine sämige Konsistenz erhält. Den Spinat in die Sauce geben und unterrühren. Sobald er zusammengefallen ist, mit Salz und Pfeffer abschmecken.
Etwa die Hälfte der Spinatsauce in eine feuerfeste Gratinform füllen. Die Klippfischfilets in kleine Stücke zerteilen und auf den Spinat legen. Mit dem restlichen Spinat bedecken. Den Käse darüber verteilen. Das Ganze im Ofen bei 220 °C etwa 1/2 Stunde backen lassen.

KLEINE WARENKUNDE

Klippfisch ist gesalzener und getrockneter Fisch. Die geköpften, von Rückgrat sowie den seitlichen Gräten befreiten Fische werden gesalzen und, nachdem sie die »Salzgare« erreicht haben, getrocknet. Bei dieser Art der Konservierung bleibt das Fischfleich wasserreicher als beim Stockfisch. Stockfisch ist ungesalzener, an der Luft getrockneter Fisch. Hierbei handelt es sich um die älteste Konservierungsmethode, wie sie auch heute noch, vorwiegend in Norwegen, Portugal und Frankreich, angewandt wird. Allerdings ist sie nicht optimal, da das Fleisch erheblich an Geschmack verliert. Der für diese beiden Arten der Konservierung bevorzugte Fisch ist mittlerweile nicht mehr nur der Kabeljau, sondern man bedient sich inzwischen auch anderer Fische wie Seehecht, Seelachs, Schellfisch, Lengfisch und Lumb.
Wichtig ist es, den Stock- und Klippfisch ausgiebigst zu wässern – mindestens 24 Stunden, besser noch 2 bis 3 Tage. Das Wasser dabei mehrmals wechseln.
Nach dem Wässern muß das Fischfleisch von Gräten und Haut befreit werden. Anschließend wird es pochiert: In einem Topf 1 Liter Salzwasser zusammen mit 3 Lorbeerblättern, 3 Zwiebelhälften, 1 Bund Petersilie und 1 EL Pfefferkörnern zum Kochen bringen. Den Topf vom Herd nehmen, den Stockfisch hineingeben und 5 bis 8 Minuten durchziehen lassen. Bei Stock- und Klippfisch ist unbedingt darauf zu achten, daß das fertig gekochte Fleisch durchgehend weiß bis hellgelb ist. Sind rötliche oder rote Flecken zu sehen, so ist dies ein Hinweis darauf, daß der Fisch ungenießbar geworden ist.

Lachssteaks mit Orangen

Für die Sauce

125 ml frisch gepreßter Orangensaft, bei Bedarf etwas mehr
2 Frühlingszwiebeln
1 TL helle Sojasauce
2 EL Zitronensaft
1 TL asiatisches Sesamöl
125 ml Traubenkernöl
1 TL Honig
1 TL Weißweinessig
1 TL abgetropfte, grüne Pfefferkörner
Salz, Pfeffer aus der Mühle

Zum Garnieren

2 unbehandelte Orangen
1 Limette

Für den Fisch

4 Lachssteaks mit Haut à 200 g
1 EL Zitronensaft
etwas Traubenkernöl

Den Orangensaft in einem kleinen Topf auf etwa die Hälfte reduzieren. Den Topf vom Herd nehmen. Die Frühlingszwiebeln putzen, vom Grün und vom Wurzelansatz befreien und fein hacken. Frühlingszwiebeln, Sojasauce, Zitronensaft, Sesamöl, Öl, Honig, Essig und grünen Pfeffer in einer Schüssel vermischen. Das Ganze mit dem Orangensaftkonzentrat aromatisieren und mit Salz und Pfeffer würzen. Die Sauce sollte säuerlich schmecken. Falls sie zu süß erscheint, etwas Orangensaft hinzufügen.

Den Ofen auf 200 °C vorheizen. Von den Orangen mit einem Zestenzieher (Zesteur oder Julienne-Reißer) oder einem Ziseliermesser Zesten (dünne Streifen) schneiden. Die Zesten kurz in kochendem Wasser blanchieren und beiseite stellen. Die Orangen und die Limette schälen, filieren und in die Orangensauce geben.

Die Lachssteaks waschen und trockentupfen. Salzen und mit Zitronensaft beträufeln. Einen Bräter mit etwas Öl ausstreichen. Die Steaks mit der Hautseite nach unten hinein legen. Den Bräter mit Alufolie verschließen und in den Ofen stellen. Die Lachsstücke 8 bis 10 Minuten garen.

Die Steaks auf 4 vorgewärmten Teller anrichten und mit den Orangenzesten garnieren. Die Sauce mit den Zitrusfilets um die Lachsstücke verteilen und alles umgehend servieren.

Überbackener Seehecht mit Spinat und Sesam

Für den Spinat
400 g Blattspinat
2 EL Olivenöl
Salz,
Pfeffer aus der Mühle

Für die Sauce
200 ml Fischfond
Saft von 1 Zitrone

Für den Fisch
4 Seehechtfilets à 200 g
4 EL Weißbrotbrösel (aus der Bäckerei)
3 EL Butter

Außerdem
100 g kalte Butter in Flöckchen
3 EL Sesamsaat

Den Blattspinat putzen, waschen und abtropfen lassen. Das Olivenöl in einer Pfanne erhitzen und den Spinat hineingeben. Mit Salz und Pfeffer würzen und so lange dünsten, bis der Spinat zusammengefallen ist. Den Spinat abgießen und den Saft dabei auffangen. Den Spinat warm stellen. Den Fischfond zusammen mit Spinat- und Zitronensaft in einen kleinen Topf gießen. Die Flüssigkeit bei großer Hitze auf die Hälfte reduzieren.

Den Ofen auf 200 °C vorheizen. Die Seehechtfilets waschen und trockentupfen. Mit Salz und Pfeffer leicht würzen und in den Weißbrotbröseln wenden. Die Butter in einer Pfanne erhitzen und die Fischstücke darin von beiden Seiten kurz anbraten. Anschließend die Filets etwa 5 Minuten im Ofen goldbraun backen.

Die Fischsauce mit den kalten Butterflöckchen aufmixen. Mit Salz und Pfeffer abschmecken. Die Seehechtfilets auf 4 vorgewärmte Teller legen. Mit dem Spinat umranden und mit der Fischsauce überziehen. Die Sesamsaat über den Spinat streuen und das Ganze servieren.

Gebackener Stör mit Senfsauce

Für den Fisch

1 küchenfertiger Stör à 1 kg
Salz, Pfeffer aus der Mühle
1 Karotte
2 Schalotten
1 Bund Petersilie
etwas Butter

Außerdem

3 EL Butter
2 Eier
3 EL Semmelbrösel

Für die Sauce

125 ml trockener Weißwein
300 ml Fischfond
2 TL Dijonsenf
1 EL weißer Balsamico-Essig

Den Ofen auf 200 °C vorheizen. Den ausgenommenen Stör gründlich waschen und mit kochendem Wasser überbrühen. Die Haut abziehen und den Fisch mit Salz und Pfeffer würzen.

Die Karotte schälen und in Scheiben schneiden. Die Schalotten schälen und in feine Würfel schneiden. Die Petersilie waschen, die Blätter von den Stielen zupfen und fein hacken. Eine feuerfeste, flache Gratinform mit etwas Butter ausstreichen. Die Karottenscheiben, die Hälfte der Schalottenwürfel sowie die Petersilie hineingeben und den Stör darauflegen.

1 Eßlöffel Butter in einer Pfanne erhitzen. Die restlichen Schalottenwürfel hineingeben und darin anbraten. Die Pfanne vom Herd nehmen und die Mischung abkühlen lassen. Die Eier verquirlen und unter die Schalotten mischen. Den Stör mit dieser Masse bestreichen und anschließend mit den Semmelbröseln bestreuen. Die restliche Butter in Flöckchen über dem Fisch verteilen. Den Stör im Ofen 30 bis 40 Minuten backen.

Inzwischen für die Sauce den Weißwein zusammen mit dem Fischfond in einem kleinen Topf bei großer Hitze auf die Hälfte reduzieren. Die Hitze verringern und den Senf unterrühren. Den weißen Balsamico-Essig hinzufügen und die Sauce kurz aufkochen lassen. Mit Salz und Pfeffer abschmecken.

Den Fisch aus dem Ofen nehmen, kurz abkühlen lassen und auf einer vorgewärmten Servierplatte anrichten. Die Senfsauce dazu reichen.

Meerbarben mit Kapern-Oliven-Sauce

Für den Fisch

4 Meerbarben à 250 g–350 g, ausgenommen, mit Kopf und Schwanz
Salz, Pfeffer aus der Mühle

Für die Kräuterbutter

1/2 Bund Oregano
2 EL Olivenöl
2 EL Butter

Für die Sauce

2 EL schwarze, entsteinte Oliven
2 EL gehackte Petersilie
4 EL Butter
3 EL Kapern
2 EL Zitronensaft

Den Ofen auf 200 °C vorheizen. Die Meerbarben unter fließendem, kaltem Wasser gründlich waschen und trokkentupfen. Innen und außen mit Salz und Pfeffer würzen. Die Fische in eine feuerfeste, flache Gratinform legen.

Den Oregano waschen, mit Küchenpapier gut trocknen und die Blättchen von den Stielen zupfen. In einer Pfanne für die Kräuterbutter das Olivenöl zusammen mit der Butter erhitzen. Sobald das Fett heiß ist, die Oreganoblättchen hineingeben und kurz unterrühren. Die Pfanne vom Herd nehmen. Mit etwas Salz und Pfeffer würzen. Die Kräuterbutter über die Fische in der Gratinform gießen und die Meerbarben darin wenden. 20 bis 30 Minuten im Ofen backen lassen. Dabei etwa alle 5 Minuten den Fisch mit dem heißen Fett übergießen.

Inzwischen die Oliven der Länge nach halbieren. Die Petersilie waschen, die Blätter von den Stielen zupfen und hacken. Die Butter für die Kapern-Oliven-Sauce in einer großen Pfanne erhitzen. Anschließend die Hitze reduzieren und die Kapern und die Oliven unterrühren. Zitronensaft und Petersilie mit in die Sauce geben.

Die Meerbarben auf einer vorgewärmten Servierplatte anrichten. Mit der Kapern-Oliven-Sauce überziehen und servieren.

HALLO
MR.

FUNNY FISH
FOOD

Zander im Sesammantel

Für den Fisch
4 Zanderfilets à 150 – 200 g
Salz, Pfeffer aus der Mühle

Für die Marinade
3 EL Sojasauce
2 EL Sherryessig
1 EL Balsamico-Essig
1 TL Currypulver
3 EL asiatisches Sesamöl
1 Messerspitze rote Chilipaste

Für die Panade
etwas Mehl
2 Eiweiß
100 g Sesamsaat

Außerdem
3 EL Traubenkernöl

Die Zanderfilets waschen und trockentupfen. Leicht mit Salz und Pfeffer würzen.

Für die Marinade Sojasauce, Sherryessig, Balsamico-Essig, Currypulver, Sesamöl und Chilipaste in eine flache Form geben. Alles gut vermischen und die Filets darin etwa 1 Tag zugedeckt im Kühlschrank marinieren. Dabei mehrmals wenden.

Den Backofen auf 200 °C vorheizen. Die Fischfilets aus der Marinade heben und abtropfen lassen. Auf einem Teller Mehl bereit stellen. In einem tiefem Teller das Eiweiß verquirlen. Auf einen weiteren Teller die Sesamsaat geben. Die Zanderfilets zuerst in dem vorbereiteten Mehl wenden, dann durch das Eiweiß ziehen und schließlich in der Sesamsaat wälzen.

In einer Pfanne das Traubenkernöl erhitzen und die Filets von beiden Seiten bei schwacher Hitze sehr kurz anbraten. Anschließend in den Ofen geben und 3 bis 5 Minuten backen lassen.

Zackenbarsch mit Ingwer und Sojasauce

1 EL Öl
800 g Zackenbarschfilet mit Haut
Salz
2 EL Erdnußöl
2 EL helle Sojasauce
25 g frischer geschälter Ingwer,
in feine Scheiben geschnitten

Den Backofen auf 200 °C vorheizen. Einen Bräter mit Öl ausstreichen. Das Zackenbarschfilet waschen und trokkentupfen. Das Filet salzen und mit der Hautseite nach unten in den Bräter legen. Mit dem Erdnußöl bestreichen, mit der Sojasauce beträufeln und mit den Ingwerscheiben belegen. Den Bräter mit Alufolie abdecken und den Fisch im Ofen 25 bis 30 Minuten garen lassen.

Das Zackenbarschfilet in 4 gleich große Stücke teilen und zusammen mit dem Bratsud und den Ingwerscheiben auf vorgewärmten Tellern anrichten.

Der Piratenschatz

Internationale Spezialitäten

Einst machten Piraten die Weltmeere unsicher und stürzten sich auf jeden Schoner, der einigermaßen goldversprechend aussah. Die rauhbeinigen Gesellen stammten aus aller Herren Länder und hatten außerdem die Angewohnheit, angehäufte Reichtümer an sicheren Orten zu deponieren. Der einbeinige Schiffskoch und Pirat Long John Silver hat dabei unter Umständen auch das eine oder andere Rezept, das er und seine Mannen bei ihren internationalen Beutezügen sammelten, in einer alten teerversiegelten Schiffstruhe verwahrt. Für das nächste Kapitel wurden unzählige Truhen aufgebrochen und tatsächlich waren einige kulinarische Schätze darunter.

Paella

8 Hummerkrabben
6 Herzmuscheln
6 Miesmuscheln
500 g Hühnerbrüste
Salz, Pfeffer aus der Mühle
125 ml Olivenöl
1 l Wasser
500 g Reis
1/2 TL Safranfäden
150 g frische Erbsen
3 Chorizowürste oder
250 g Knoblauchwurst
60 g Schweinerücken ohne Knochen
1 Zwiebel
1 Knoblauchzehe
1 mittelgroße, rote Paprikaschote
1 Tomate
1 unbehandelte Zitrone

Die Hummerkrabben aus der Schale nehmen und dabei möglichst nicht verletzen. Mit einem kleinen, scharfen Messer den Darm am Rücken entfernen. Unter fließendem kaltem Wasser die Muscheln mit einer harten Bürste säubern und die Barthaare mit Hilfe eines kleinen, scharfen Messers entfernen. Die Hummerkrabben und die Muscheln beiseite legen.

Die Hühnerbrüste mit Salz und Pfeffer würzen. Die Hälfte des Olivenöls in einer schweren Pfanne erhitzen und die Brüste darin von beiden Seiten anbraten. Wenn sie goldbraun sind, auf einen Teller geben und warm halten. Etwa 1/2 Stunde vor dem Anrichten der Paella den Ofen auf 200 °C vorheizen. Das Wasser zum Kochen bringen. In einem großen, feuerfesten Topf den Reis mit 1 Teelöffel Salz und den Safranfäden vermengen. Das kochende Wasser zugießen und alles unter ständigem Rühren aufkochen. Den Topf vom Herd nehmen. Die Hühnerbrüste, die Hummerkrabben und die Muscheln auf dem Reis anordnen und die Erbsen darüber streuen. Den Topf in den Ofen geben und alles etwa 1/2 Stunde garen lassen.

Inzwischen die Chorizowürste in einen kleinen Topf geben. Vollständig mit Wasser bedecken und bei großer Hitze zum Kochen bringen. Anschließend die Hitze reduzieren und die Würste etwa 5 Minuten ziehen lassen. Herausnehmen und abtropfen lassen. In 1/2 cm dicke Scheiben schneiden.

Das Schweinefleisch in Würfel schneiden. Die Zwiebel und den Knoblauch schälen und fein hacken. Die Paprikaschote putzen, von den Kernen und den Innenwänden befreien, waschen und in feine Streifen schneiden. Die Tomate schälen, entkernen und würfeln. In einer großen Pfanne das restliche Olivenöl erhitzen. Schweinefleischwürfel, Zwiebel, Knoblauch, Paprikaschote sowie Tomate bei großer Hitze darin anbraten. Unter ständigem Rühren schmoren, bis die Mischung sämig wird. Die Mischung sowie die Wurst wenige Minuten bevor die Paella gar ist, unterheben und den Topf wieder zurück in den Ofen stellen.

Anschließend herausnehmen und ein Küchentuch lose über den Topf breiten. Etwa 8 Minuten ruhen lassen. Die Zitrone in 4 Spalten schneiden. Die Paella auf einer großen Platte anrichten. Mit den Zitronenspalten dekorieren.

Livorner Fischeintopf

1 gekochter Hummer à 500 g
250 g frisches Tintenfischfleisch
250 g Steinbuttfilet
(ersatzweise Heilbutt, Kabeljau
oder Scholle)
250 g Seewolffilet
1 Schalotte
1 Knoblauchzehe
2 Salbeiblätter
2 EL Olivenöl
125 ml trockener Weißwein
125 ml Tomatensaft
125 ml Hummerfond
2 Lorbeerblätter
1 TL Salz
250 g kleine, ausgelöste Jakobsmuscheln
Pfeffer aus der Mühle
2 EL fein gehackte Petersilie
1 EL abgeriebene Schale einer
unbehandelten Zitrone

Den Hummer mit dem Rücken auf ein Brett legen. Das Schwanzteil abschneiden und mittig der Länge nach halbieren. Die großen Scheren vom Körper abtrennen und die Gelenke von den Scheren abbrechen. Die flache Unterseite der Scheren durch einen kräftigen Schlag mit dem Messer aufbrechen, damit sich das Fleisch später besser herauslösen läßt. Die Fühler abschneiden, den Körper der Länge nach halbieren. Den gallertartigen Beutel am Kopf und den damit verbundenen, langen Darm entfernen. Dann die Hummerleber und den kaviarähnlichen Rogen (falls vorhanden) entfernen und beiseite stellen. Das Tintenfischfleisch in Ringe schneiden. Die Fischfilets waschen, trockentupfen und in 5 cm breite Streifen schneiden.

Die Schalotte und den Knoblauch schälen und fein hakken. Die Salbeiblätter waschen und ebenfalls fein hacken. Das Olivenöl in einem schweren, etwa 4 bis 6 Liter fassenden Topf oder in einer feuerfesten Kasserolle erhitzen. Die Schalottenwürfel hineingeben und bei mäßiger Hitze, unter häufigem Rühren goldbraun schmoren lassen. Dann den Knoblauch und die Salbeiblätter zufügen und unter Rühren alles etwa 1 Minute bei kleiner Hitze ziehen lassen. Anschließend das Ganze mit Weißwein ablöschen und bei großer Hitze auf die Hälfte reduzieren. Dann den Tomatensaft, den Hummerfond sowie die Lorbeerblätter und das Salz zufügen. Die Hitze reduzieren und die Sauce halb bedeckt etwa 10 Minuten köcheln lassen.

Die Tintenfischringe in die Sauce geben und das Ganze zugedeckt 10 Minuten kochen lassen. Dann den Hummer zugeben und alles wieder 5 Minuten köcheln lassen. Die Fischstücke hinzufügen, zudecken und 5 Minuten köcheln lassen. Die Jakobsmuscheln in Scheiben schneiden, ebenfalls mit in die Sauce geben und alles zugedeckt nochmals 5 Minuten kochen lassen.

Die Fischfiletstücke und den Hummer mit einem Schaumlöffel herausheben, auf einer Servierplatte dekorativ anrichten und warm halten. Dann den eventuell vorhandenen Rogen durch ein Sieb in die heiße Sauce streichen. Einen Augenblick leicht kochen lassen. Mit Salz und Pfeffer abschmecken.

Die Sauce über die Fischstücke und den Hummer gießen. Mit der Petersilie und der Zitronenschale bestreuen und servieren.

Fish Chowder

50 g Speck
2 Zwiebeln
3 Kartoffeln
ca. 800 g Venusmuscheln in der Lake
(1 Dose mit 850 ml)
1/2 Bund Thymian
1/2 TL Tabasco
500 ml Sahne
3 EL Butter
Salz, Pfeffer aus der Mühle
900 g Kabeljaufilets
1 EL gehackte Petersilie
2 TL Paprikapulver

Den Speck in Würfel schneiden und bei mittlerer Hitze in einem großen Topf knusprig braten. Mit einem Schaumlöffel herausheben und auf Küchenpapier abtropfen lassen. Die Zwiebeln und die Kartoffeln schälen und in kleine Würfel schneiden. Die Zwiebeln in den Topf mit dem Speckfett geben und darin glasig dünsten.
Die Muscheln abgießen und dabei die Lake auffangen. Die Muscheln mit einem Messer zerkleinern und anschließend mit einem Mixstab pürieren. Das Muschelpüree zusammen mit der Lake und den Kartoffelwürfeln zu den Zwiebeln im Topf geben. Das Ganze mit Wasser begießen, bis alles bedeckt ist.
Diese Mischung zum Kochen bringen und zugedeckt 20 bis 30 Minuten bei mittlerer Hitze köcheln lassen. Wenn die Kartoffelwürfel fast weich sind, den gebratenen Speck hinzufügen. Inzwischen den Thymian waschen, mit Küchenpapier abtrocknen und die Blättchen von den Zweigen zupfen. Tymianblättchen zusammen mit Tabasco, Sahne und Butter unter die Suppe rühren. Mit Salz und Pfeffer abschmecken.
Die Kabeljaufilets waschen, trockentupfen und in Stücke schneiden. Auf die Kartoffeln in der Suppe legen. Alles ohne Deckel erhitzen, aber nicht zum Kochen bringen. Etwa 1/4 Stunde garen lassen. Am Ende der Garzeit umrühren. Die Petersilie und das Paprikapulver darüber streuen und den Chowder heiß servieren.

Fish & Chips & Sauce Tatar

1 kg frische Fischfilets von
Schellfisch, Scholle oder Seezunge

Für den Teig

100 g Mehl
1 Eigelb
2 EL Bier
1/4 TL Salz
3 EL Milch, mit
3 EL kaltem Wasser vermischt
1 Eiweiß

Für die Sauce

1 gekühltes Eigelb
3 EL Olivenöl
2 EL Zitronensaft
6 gehackte Frühlingszwiebeln
1/2 gehackte Knoblauchzehe
4 EL gehackte Petersilie
1 TL Dijonsenf
1/2 TL Cayennepfeffer
Salz und Pfeffer aus der Mühle

Für die Pommes Frites

1 kg Kartoffeln
Öl zum Ausbacken
Salz zum Bestreuen

Die Fischfilets unter fließend kaltem Wasser waschen, trockentupfen und kalt stellen. Für den Teig das Mehl in eine große Schüssel geben und in die Mitte eine Mulde drücken. Eigelb, Bier und Salz hineingeben. Das Ganze gut verrühren, nach und nach die mit Wasser vermischte Milch zugießen und so lange rühren, bis der Teig glatt ist. Damit der Teig schön locker wird, ihn etwa 30 Minuten bei Zimmertemperatur stehen lassen. Inzwischen das Eiweiß steif schlagen. Danach unter den Teig heben und gut verrühren.

Für die Sauce Tatar das gut gekühlte Eigelb in eine Schüssel geben. Tropfenweise Olivenöl hinzufügen und mit einem Schneebesen so lange aufschlagen, bis eine Mayonnaise entsteht. Zitronensaft, Frühlingszwiebeln und Knoblauch unterheben. Senf und Petersilie untermischen. Danach den Cayennepfeffer zugeben, mit Salz und Pfeffer aus der Mühle abschmecken und die Sauce Tatar kalt stellen.

Für die Pommes Frites die Kartoffeln schälen und der Länge nach in etwa 1 cm dicke und 1 cm breite Streifen schneiden. Den Backofen auf 120 °C vorheizen. Einen großen Topf mit Öl erhitzen. Die Kartoffelstreifen in das heiße Öl geben und knusprig goldbraun fritieren. Danach mit einem Schaumlöffel herausnehmen, auf ein Backblech legen und mit Salz bestreuen. Das Ganze im Backofen bei kleiner Hitze warm halten.

Den Topf mit dem bereits verwendeten Öl erhitzen. Die Fischfilets durch den Teig ziehen. Danach im heißen Öl goldbraun fritieren und mit einem Löffel gelegentlich wenden. Den gebackenen Fisch auf Tellern in der Mitte anrichten und mit Pommes Frites umlegen. Die Sauce Tatar separat dazu reichen.

Loup de mer im Salzteig

1 küchenfertiger, großer Loup de mer
5 Basilikumblätter
Pfeffer aus der Mühle
2 Eiweiß
2 kg grobes Meersalz
Öl für das Blech

Den ausgenommenen Loup de mer unter fließend kaltem Wasser außen und innen gründlich waschen. Das Basilikum waschen und in Streifen schneiden.

Das Bauchinnere des Fisches etwas mit Pfeffer würzen und das Basilikum in die Bauchhöhle legen.

Die Eiweiße in einer großen Schüssel steif schlagen. Das Meersalz nach und nach zugeben und das Ganze zu einer streichfähigen Masse verarbeiten.

Ein Backblech mit Öl bestreichen. Ein Drittel der Eiweißmasse in Form eines Fisches auf das Blech streichen. Den Fisch daraufsetzen und mit dem restlichen Salzteig zudecken. Den Teig mit einer Palette glattstreichen.

Den Fisch im Backofen bei 200 °C ca. 25 Minuten backen.

TIP

Garen im Salzteig ist eine besonders raffinierte Zubereitungsart, da das Gargut unter der dicken Eiweiß-Salz-Schicht zart und saftig bleibt. Bringen Sie den Fisch im Ganzen zu Tisch, das imposante Gebilde wird selbst verwöhnte Gäste beeindrucken. Die Spanier beanspruchen das Recht für sich, diese Garmethode erfunden zu haben.

Bouillabaisse mit Safran und Rouille

Für die Bouillabaisse

3 küchenfertige Rotbarben
12 große Crevetten
300 g Kabeljaufilets
300 g Seeteufelfilets
250 g Muscheln
1 Zwiebel
10 Safranfäden
1 Fenchelknolle
4 Knoblauchzehen
5 EL Olivenöl
4 Zweige Thymian
400 g geschälte, gewürfelte Tomaten
3 Lorbeerblätter
Salz und Pfeffer aus der Mühle

Für die Rouille

1 rote Paprikaschote
1 rote Chilischote
2 Knoblauchzehen
5 EL Olivenöl
1 EL geriebenes Weißbrot

Die Rotbarben filieren. Köpfe, Flossen, Gräten und Haut beiseite legen. Die Filets in mundgerechte Stücke schneiden. Die Hälfte der Crevetten auslösen und die Schalen für den Fond zur Seite legen. Die Kabeljau- und die Seeteufelfilets häuten und in große Stücke schneiden. Die Muscheln gründlich säubern. Offene Muscheln dabei entfernen.

Die Zwiebel schälen und vierteln. In einem Topf die Fischreste, die Crevettenschalen sowie die Zwiebelviertel gut mit Wasser bedecken. Das Ganze zum Kochen bringen und dann bei kleiner Hitze etwa 1/2 Stunde köcheln lassen. Den Topf vom Herd nehmen, den Fischsud etwas abkühlen lassen und abseihen.

Inzwischen für die Rouille die Paprikaschote putzen, waschen und in Würfel schneiden. Die Chilischote waschen, entkernen und in feine Scheiben schneiden. Die Knoblauchzehen abziehen und hacken. In einem Mixer Paprika, Chili und Knoblauch zusammen mit Olivenöl und Weißbrotbröseln zu einer glatten Masse verarbeiten. Kräftig mit Salz und Pfeffer würzen. In eine kleine Schüssel füllen und kalt stellen.

Den Safran mit 1 Eßlöffel heißem Wasser übergießen und beiseite stellen. Den Fenchel putzen, waschen und grob hacken. Die Knoblauchzehen abziehen und zerdrücken. Den Thymian waschen, mit Küchenpapier trocknen und die Blättchen von den Stielen zupfen. In einer Pfanne 2 Eßlöffel Öl erhitzen. Die Fischfiletstücke darin kurz anbraten, herausnehmen und warm stellen. Das restliche Öl in der Pfanne erhitzen und Fenchel, Knoblauch sowie Thymian darin anbraten.

Den Fischsud mit Wasser auf etwa 1,2 Liter auffüllen. Die Tomatenwürfel hineingeben. Die Fenchel-Knoblauch-Mischung, die Lorbeerblätter und den Safran hinzufügen. Mit Salz und Pfeffer würzen und alles kurz aufkochen lassen. Zugedeckt bei kleiner Hitze etwa 20 Minuten weiterköcheln lassen.

Die Fischfilets und die Crevetten in den Sud geben. Nach wenigen Minuten die Muscheln zugeben und etwa 5 Minuten in der Fischsuppe ziehen lassen. Danach die ungeöffneten Muscheln aussortieren. Die Bouillabaisse in einer Suppenterrine servieren und die Rouille separat dazu reichen.

Soljanka mit Fisch und Kraut

500 g Kleinfische
(z. B. Kaulbarsch oder Gründling)
2 Lachsköpfe
1 1/2 l Wasser
1 Bund Suppengrün, geputzt
(Sellerie, Petersilie und Karotte)
2 Lorbeerblätter
Salz, Pfeffer aus der Mühle
1 Schalotte
50 g Butter
2 EL Mehl
200 g Zanderfilet
200 g Lachsfilet
100 g frische Garnelenschwänze
2 Steinpilze oder 10 Champignons
2 Essiggurken
200 g Sauerkraut
10 Oliven
125 ml Essiggurkenlake
3 EL Crème fraîche
3 EL gehackter Dill
3 EL gehackte Petersilie

Die Kleinfische säubern und zusammen mit den Lachsköpfen in einen großen Topf mit dem Wasser geben. Suppengrün und Lorbeerblätter zufügen, alles mit Salz sowie Pfeffer würzen und erhitzen. In etwa 20 Minuten bei großer Hitze zu einem Fischsud kochen. Danach durch ein Sieb abseihen.

Inzwischen die Schalotte schälen und fein hacken. Die Hälfte der Butter in eine Pfanne geben und zerlassen. Darin die Schalottenwürfel anbraten, mit Mehl bestäuben, anrösten lassen und dann unter den Fischsud rühren. Das Ganze nochmals aufkochen lassen und erneut abseihen.

Zander und Lachs waschen, trockentupfen und in mundgerechte Stücke zerkleinern. Die Garnelenschwänze schälen und waschen. Die Pilze putzen und in Scheiben schneiden. Die Essiggurken fein würfeln.

Anschließend die restliche Butter zerlassen, das Sauerkraut zugeben und kurz dünsten. Dann etwas Fischsud zugießen. Fischstücke, Garnelenschwänze, Oliven, Pilze sowie Essiggurken zugeben und ebenfalls etwas dünsten lassen.

Das Ganze in den Topf zum Fischsud geben und alles aufkochen lassen. Mit der Essiggurkenlake abschmecken und bei kleiner Hitze gar ziehen lassen. Bei Tisch jede Portion mit etwas Crème fraîche versehen und mit Dill und Petersilie bestreuen.

Fiskeboller – Norwegische Fischklößchen

600 g Schellfisch- oder Pollakfilets
Salz, Pfeffer aus der Mühle
1 EL Speisestärke
30 g kalte Butter
frisch geriebene Muskatnuß
500 ml Sahne
1 gekochte, geriebene Kartoffel
2 EL Schnittlauchröllchen
ca. 500 ml Fischfond zum Pochieren
zerlassene Butter zum Servieren

Das Fischfleisch waschen, trockentupfen und von eventuellen Gräten befreien. Falls nötig die Haut entfernen und den Fisch mit Salz und Pfeffer würzen. Anschließend in kleine Würfel schneiden und durch die mittlere Scheibe eines Fleischwolfs drehen.

Dann das Fischtatar zusammen mit der Stärke, der Butter und etwas Muskatnuß in einen Mixer geben und vermengen. Nach und nach die Sahne zugeben. Je stärker aufgemixt wird, desto besser und leichter wird die Masse.

Danach die geriebene Kartoffel und die Schnittlauchröllchen untermischen. Das Ganze mit Salz und Pfeffer würzen. Den Fischfond in einem großen Topf erhitzen. Aus der Kartoffel-Fisch-Masse kleine Bällchen formen und diese im kochenden Sud pochieren lassen. Sobald sie gar sind aus dem Fischfond heben und zusammen mit zerlassener Butter servieren.

Gefillte Fisch

Für den Fisch

1 kg frische Süßwasserfische
(je nach Saison, z. B. Karpfen oder Hecht)
1 Scheibe weiches Weißbrot
Milch zum Einweichen
2 Schalotten
2 verquirlte Eier
2 TL Olivenöl
Salz, Pfeffer aus der Mühle, Zucker
1–2 EL Semmelbrösel

Für den Kochsud

2 gewürfelte Zwiebeln
2 kleingeschnittene Karotten
1/2 Bund gehackte Petersilie

Die Fische ausnehmen, gut waschen, filieren, entgräten und häuten. Anschließend das Fischfleisch in einen Mixer geben und pürieren.

Inzwischen das Weißbrot in einem Gefäß in Milch einweichen. Danach gut auspressen. Die Schalotten schälen und fein hacken. Das Fischpüree zusammen mit dem eingeweichten Weißbrot, den Schalottenwürfeln, den Eiern und dem Olivenöl in eine Schüssel geben. Alles gut miteinander vermengen. Das Ganze mit Salz, Pfeffer und etwas Zucker würzen. Die Semmelbrösel unterarbeiten. Aus der Masse mit angefeuchteten Händen an der Oberseite abgeflachte Fischbällchen formen.

Für den Sud Zwiebeln, Karotten und Petersilie in eine schwere Kasserolle geben. Ausreichend Wasser zufügen und mit Salz sowie Pfeffer würzen. Das Ganze aufkochen lassen und die Fischbällchen mit der flachen Seite nach unten in zwei Schichten hineingeben. Die Hitze reduzieren und die Fischbällchen bei geringer Hitze zugedeckt etwa 11/2 Stunden köcheln lassen.

Die Fischbällchen mit einem Schaumlöffel herausheben, etwas auskühlen lassen und in einer Schüssel anrichten. Anschließend die Brühe durch ein Sieb abseihen und über die Bällchen gießen. Das Gericht kalt servieren.

HINWEIS

Gefillte Fisch ist ein jüdisches Fischgericht. Über den wahren Ursprung dieser Spezialität scheiden sich die Geister. In jedem Fall stammt sie aus dem osteuropäischen Raum.

Lachslasagne

Für den Lasagneteig
250 g Mehl
3 Eier
3 EL Olivenöl
Salz
1 EL Wasser
Mehl zum Ausrollen
1 Schuß Öl zum Kochen

Für die Füllung
400 g rohes, schottisches Lachsfilet
Butter für das Blech
100 g feine Spinatblätter
1/2 Bund Basilikum
10 Strauchtomaten
1 EL Butter
frische Kräuter zum Garnieren

Das Mehl in eine Schüssel sieben. Restliche Zutaten für den Teig hinzufügen, alles gut miteinander vermischen und zu einem glatten Teig verarbeiten. Mit einem feuchten Tuch abdecken und etwa 1 Stunde ruhen lassen. Den Nudelteig anschließend mit einer Nudelmaschine hauchdünn ausrollen und auf einer bemehlten Fläche auslegen. Aus den großen Lasagneplatten mit einem Teigroller gleich große Quadrate (ca. 10 x 10 cm) schneiden und auf ein mit Mehl bestäubtes Tuch legen.

Während der Teig ruht, das Lachsfilet von Gräten befreien und mit einem Lachsmesser in dünne Scheiben schneiden. Das Ganze auf ein leicht gebuttertes Backblech legen und unter dem Grill bei höchster Stufe kurz garen lassen, so daß das Fleisch innen noch etwas roh ist. Die Spinatblätter waschen und putzen. Die Blätter des Basilikum zupfen und in feine Streifen schneiden. Die Tomaten oben über Kreuz einschneiden, auf einer Schaumkelle einzeln für einige Sekunden in kochendes Wasser halten, dann kalt abschrecken. Die Früchte von den Stielansätzen befreien, enthäuten, entkernen und das Fruchtfleisch in kleine Stücke schneiden. In einer Pfanne die Butter zerlassen und die Tomatenwürfel kurz darin dünsten. Mit Salz abschmecken.

4 Teller im Ofen bei 100 °C vorwärmen. Die Lasagneplatten in kochendem, mit 1 Schuß Öl versehenen Salzwasser bißfest garen. Mit einem Schaumlöffel vorsichtig herausheben. 4 Platten auf die Teller verteilen. Mit je einer Schicht Lachsscheiben, Tomatenwürfeln, Spinat und Basilikumstreifen belegen. Eine weitere Platte darauf legen. Den Vorgang zweimal wiederholen, bis die Lasagne ungefähr 3 cm hoch ist. Danach kurz in den Ofen geben. Vor dem Servieren mit den restlichen Tomatenwürfeln bedecken und mit Kräutern garnieren.

Vor dem Sprung – Grundrezepte

Fischfond für ca. 1,5 Liter

ca. 1,5 kg Fischgräten, -flossen und -köpfe von Fischen mit magerem, weißem Fleisch (z. B. Steinbutt, Wolfsbarsch und Seezunge)
1 Karotte
1 kleine Stange Lauch
1 Zwiebel
2 EL Butter
400 ml trockener Weißwein
5 weiße Pfefferkörner
1 bouquet garni (1 Zweig Thymian, 1 Stengel Petersilie und 1 Lorbeerblatt, zu einem Sträußchen gebunden)
1 Zitronenscheibe

Die Fischreste in kleine Stücke hacken. Auf einem Sieb kalt abspülen, bis das Wasser klar läuft (dauert gute 10 Minuten). Dann abtropfen lassen. Die Karotte schälen und in Scheiben schneiden, den Lauch putzen, waschen und nur das Weiße in feine Scheiben schneiden (das Grüne anderweitig verwenden). Die Zwiebel schälen und grob hacken. Die Butter in einem großen Topf erhitzen und das vorbereitete Gemüse darin andünsten. Dann den Wein angießen. Den Alkohol gut einkochen lassen. Die Fischreste dazugeben und sofort mit kaltem Wasser auf etwa 2 Liter aufgießen. Das Ganze zum Kochen bringen. Die Hitzezufuhr reduzieren und den Schaum mit einem Schaumlöffel entfernen. Pfefferkörner, das bouquet garni und die Zitronenscheibe hinzufügen.
Das Ganze 20 bis 25 Minuten bei sanfter Hitze köcheln lassen, dabei immer wieder abschäumen. Den Fond durch ein mit einem Tuch ausgelegtes, feinmaschiges Sieb gießen und abkühlen lassen.

TIP *

Fischfond gibt es in akzeptabler Qualität auch fertig zu kaufen, dieser ist aber vom Geschmack her nicht mit dem selbstgemachten zu vergleichen. Beim Kauf der Fischreste sollte man auf Frische achten. Sie können sich auch einen Fond-Vorrat anlegen, in dem Sie das Ganze portionsweise einfrieren. Frisch zubereiteter Fischfond hält sich im Kühlschrank gut bedeckt bis zu 3 Tage.

Hummerfond für ca. 500 ml

Schalen und Scheren von 2 gekochten Hummern
3 kleine Schalotten
1 Karotte
2 EL Traubenkernöl
1 Knoblauchzehe
100 ml Weißwein
300 ml Fischfond
je 1 Zweig Petersilie und Thymian

Schalen und Scheren sorgfältig von allen Gewebeteilen befreien und grob zerkleinern. Gründlich abspülen und auf einem Sieb abtropfen lassen. Die Schalotten schälen und grob hacken, die Karotte ebenfalls schälen und in Scheiben schneiden.
Das Öl in einem großen Topf erhitzen. Die Hummerschalen und – scheren darin bei mittlerer Hitze anbraten, dabei mehrmals umrühren. Die ungeschälte Knoblauchzehe zufügen, ganz kurz ziehen lassen und dann mit Weißwein ablöschen. Den Alkohol einkochen lassen. Mit Fischfond und Wasser auf etwa 700 ml auffüllen.
Das Ganze aufkochen lassen und den aufsteigenden Schaum mit einem Schaumlöffel abnehmen. Die Hitze reduzieren, die Kräuter zugeben und den Fond offen etwa 20 Minuten bei milder Hitze köcheln lassen. Durch ein mit einem Tuch ausgelegtes feines Sieb abgießen, dabei die Schalen ausdrücken. Abkühlen lassen.

Chablis-Sauce

1 EL Butter
200 ml Chablis (franz. Weißwein)
250 ml Fischfond
250 ml Sahne
Salz, Pfeffer aus der Mühle
evtl. etwas Zitronensaft

In einem kleinen Topf die Butter erhitzen. Den Chablis angießen, die Flüssigkeit auf etwa ein Fünftel reduzieren. Dann mit dem Fischfond aufgießen und das Ganze auf die Hälfte reduzieren. Anschließend die Sahne hinzufügen und alles so lange köcheln lassen, bis die Sauce sämig und um etwa ein Viertel reduziert ist.
Mit einem Mixstab gut aufschlagen. Mit Salz und Pfeffer würzen. Nach Belieben noch etwas Zitronensaft unterrühren. Die Sauce paßt zu allen zarten Fischen.

HANS
GERD
ILSE
SUSI
IRIS
BERT
BERTA

Rezeptverzeichnis

Kalte Vorspeisen

Warme Kleinigkeiten

Fischsuppen und Fischeintöpfe

Gedämpfter Fisch

Fisch aus der Pfanne

Fisch vom Grill

Fisch aus dem Ofen

Internationale Spezialitäten

Vor dem Sprung – Grundrezepte